# NEUROPSICOPEDAGOGIA

RENATA AGUILAR

# NEUROPSICOPEDAGOGIA

UMA ABORDAGEM TEÓRICA E PRÁTICA
SOB A ÓTICA DA COMUNICAÇÃO AFETIVA,
DO DESENVOLVIMENTO FÍSICO, COGNITIVO, SOCIAL E LÚDICO

EDICON

CIP-BRASIL. CATALOGAÇÃO NA PUBLICAÇÃO
SINDICATO NACIONAL DOS EDITORES DE LIVROS, RJ

A235N

AGUILAR, RENATA
NEUROPSICOPEDAGOGIA : UMA ABORDAGEM TEÓRICA E PRÁTICA SOB A ÓTICA DA COMUNICAÇÃO AFETIVA, DO DESENVOLVIMENTO FÍSICO, COGNITIVO, SOCIAL E LÚDICO / RENATA AGUILAR. - 1. ED. - SÃO PAULO : EDICON, 2022.
288 P. : IL. ; 21 CM.

INCLUI BIBLIOGRAFIA
ISBN 9786559340460

1. PSICOLOGIA EDUCACIONAL. 2. PSICOPEDAGOGIA. I. TÍTULO.

22-77957 CDD: 370.15
CDU: 37.015.3

GABRIELA FARAY FERREIRA LOPES - BIBLIOTECÁRIA - CRB-7/6643
25/05/2022 30/05/2022

CONTATO COM A AUTORA:
professorarenata.aguilar@gmail.com
renata.aguilar@gmail.com
@renataaguilar.educadora
www.renataaguilar.com



EDICON www.edicon.com.br
**Editora e Consultoria Ltda-EPP**
11-3255-1002 3255-9822 zap 98871-1678
Rua Herculano de Freitas, 181 SP– SP 01308-020

# Dedicatória

A quem acredita na criança
A quem acredita na educação
A quem acredita nos professores
A quem acredita na escola
A você que faz a diferença nas relações socioemocionais
E que acredita no futuro

# Sumário

# APRESENTAÇÃO

A arte do encontro! Foi assim que tive a honra de conhecer a Professora Renata Aguilar, enquanto realizávamos nossas atividades profissionais e acadêmicas. Na verdade nos aproximamos pela afinidade que temos sobre o mesmo assunto, "cérebro, afetividade e aprendizagem". Que honra o convite para escrever a apresentação do seu livro *Neuropsicopedagogia: Uma abordagem teórica e prática sob a ótica da comunicação afetiva, do desenvolvimento físico, cognitivo social e lúdico*. Quanta responsabilidade e admiração pelo seu trabalho e pesquisa!

Quando nos deparamos com os aspectos inerentes à aprendizagem escolar e a atuação no contexto clínico, o maior desejo do profissional é que o aprendente assimile os contextos acadêmicos que perpassam por um currículo vasto de informações, e que nele desperte o interesse sobre o conhecimento coerente e aplicado para uma aprendizagem significativa, emocional e cognitiva.

Dentre tantas teorias da aprendizagem, por mais que os profissonais reconheçam a importância de transformá-las na prática escolar e clinica, em alguns casos, surgem dificuldades acadêmicas no processo do aprendizado. Sendo assim, muitos problemas pedagógicos são levados para as séries escolares seguintes, impedindo muitas vezes, a aquisição de novos conhecimentos. É preciso humanizar a escola, por meio dos saberes da neuropsicopedagogia inclusiva.

A obra da Professora Renata Aguilar, nos convida a refletir sobre as ações escolares e clínicas, a luz da Neuropsicopedagogia, compreendendo que por meio da anatomia cerebral, existe uma biologia corporal, por onde, desenvolve-se um efetivo caminho da entrada e saída das informções pedagógicas, que estimulam as emoções, as habilidades específicas à serem potencializadas pela centelha da afetividade, do amor na ludicidade e criatividade, diante da existência humana.

O livro nos provoca a investigação para o saber o quanto, o profissional tanto no âmbito escolar ou clínico, precisa ter a eterna busca na qualidade da sua competência teórica e prática, sendo assim, a obra *Neuropsicopedagogia: Uma abordagem teórica e prática,* nos revela sobre a importância de se realizar uma boa anamnese e um atentimento focado na união entre a família e a escola na perspectiva da clínica. A obra da Professora Renata Aguilar, nos permite reconhecer como o cérebro funciona no processo da aprendizagem, e nos convida à refletir sobre determinadas afirmativas do funcionamento cerebral humano.

A proposta da obra é proporcionar ao leitor possibilidades de estudos baseados em evidências científicas, muito bem pesquisados e fundamentados para o reconhecimento de como o cérebro aprende e guarda saberes. A Professora Renata Aguilar é uma expertise no conhecimento do cérebro, aprendizagem, práticas pedagógicas na sala de aula e a atuação clínica, e nos provoca a repensar sobre a escola como um espaço inclusivo e humanizado.

É um livro que possui uma linguagem fácil, e apresenta uma interação entre cérebro, conteúdos escolares e prática docente e a clínica neuropsicopedagógica.

Para você leitor, tenha certeza que o livro é uma orientação sobre o funcionamento do cérebro e sua aplicabilidade nas abordagens metodológicas para elaboração do planejamento clínico e pedagógico, contextualizado na aprendizagem significativa.

Parabéns, Professora Renata pelo livro que nos oferece a possibilidade da reflexão entre Ciência e Educação.

Boa leitura para todos!

MARTA RELVAS

Professora de Biologia, Dra.hC em Educação Dra e Ms em Psicanálise, Neurocientista Educacional, Neuroanatomista, Neurofisiologista, Psicopedagoga, Neuropsicomotricista e Especialista em Bioética. Tem certificado Reggio Emília Study Abroad Program na Itália e Title in Education Neurosciences and childhood and adolescence learning of Erasmus+ University – Europe – Portugal. É Membro Efetiva da Sociedade Brasileira de Neurociência e Comportamento, e da Associação Brasileira de Psicopedagogia RJ. Membro do Conselho Regional de Biologia RJ. Autora de livros sobre Neurociência e Educação pela Editora WAK, Editora Qualconsoante de Portugal e Editora do Brasil.

# PREFÁCIO

Era uma vez uma adulta professora que com conhecimento de criança, mudava o mundo com a ação pedagógica do brincar, verbo de ação que muda vidas e encanta famílias.

O "era" deixou de ser passado depois que Renata começou a praticar o agora com as famílias e seus componentes. O verbo amar introduziu na pedagogia a educação do método e a habilidade do novo, do renovo e do surpreendente.

Conjugações de verbos e vitória de letras maiúsculas. Parabéns, Renata Aguilar, caminhe com o coração e sempre seja história.

PROFESSORA DOUTORA ÂNGELA MATHYLDE SOARES

Presidente do congresso Brain Connection Erasmus+ - Diretora do GI3TES

# INTRODUÇÃO

Compreender como o aluno aprende e os marcos de desenvolvimento é fundamental dentro da área acadêmica e clínica.

A Neuropsicopedagogia é uma área recente, que vem se ampliando devido aos conhecimentos e a união entre a Neurociência, a Psicologia e a Educação, é uma ciência que, segundo a Sociedade Brasileira de Neuropsicopedagogia, trata de uma ciência transdisciplinar com foco e objetivo pautado na relação do cérebro com a aprendizagem humana.

A demanda dos professores é muito grande e isto se traduz em muitas dificuldades escolares desde a não compreensão de determinados assuntos, quanto à adaptação de currículo, diante das novas necessidades.

Há pelo menos 30 anos a escola vem se colocando no papel de mudança, porém as mudanças foram superficiais e não efetivas nos quais ainda temos alunos concluindo séries finais do Ensino Fundamental com defasagem na área da linguagem, da matemática e conhecimentos básicos.

Diante de momentos em que as escolas tiveram de se adaptar a uma nova modalidade de ensino, pós-pandemia do Covid-19, muitas mudanças serão necessárias a partir de agora. Aulas remotas, ensino híbrido e adequação do currículo escolar, houve uma necessidade muito grande em adequar as aulas com os alunos e, por consequência, dificuldades de aprendizagem foram instaladas enquanto outras agravadas.

O Brasil, já não era um país que tinha níveis escolares bons comparado aos outros países, agora nos vimos cada vez mais distante com alunos fora da escola há mais de um ano.

Em busca de melhores estratégias, vimos uma crescente na área da Neurociência com um olhar para a escola, como o aluno aprende, como se desenvolve e como os estímulos adequados podem favorecer este aprendizado.

O tema abordado e desenvolvido é de suma importância, pois visa contribuir para uma melhoria na aprendizagem, favorece vínculos entre os professores e alunos, intensifica a socialização entre pares, contribui para o desenvolvimento das habilidades socioemocionais como tomada de decisões e empatia em situações de conflito.

Por muitos estudiosos e professores sempre surge a pergunta: De que maneira é possível melhorar o processo de ensino e aprendizagem dessas crianças e sua socialização entre os pares?

Uma das possíveis soluções é a aplicação de atividades lúdicas por meio de desenhos, contação de histórias, jogos e brincadeiras, musicalização, dentre outras atividades que favoreçam uma aprendizagem mais efetiva e afetiva.

Fundamentados nas obras e contribuições de Piaget, Vygotsky, Luria contextualizando com a Base Nacional Comum Curricular dentre demais pesquisadores na área da Psicologia, Pedagogia e Neurociências é possível alinhar a Neuropsicopedagogia não apenas com o olhar dentro dos consultórios de forma individualizada, mas também dentro da sala de aula, na interação e nas relações entre os alunos e professores.

Compreender o quanto a afetividade pode trazer grandes contribuições para a área escolar é uma proposta que é muito tratada em artigos e na teoria, porém ainda há um árduo caminho a ser percorrido na relação professor-aluno-especialista. Por meio de embasamento teórico e vivências prática, decorro os capítulos abordando esta relação entre cognição e afetividade.

Unir três áreas tão importantes traz um novo olhar para a escola, um caminho, uma tríade entre Neurociência, Psicologia e Pedagogia. Quem ganha? Todos

Enfim, o grande princípio da aprendizagem é dar sentido, dar significado, aprender tem que fazer sentido, tem que ter afeto, tem que ter emoção. Boa leitura!

# 1

# NEUROPSICOPEDAGOGIA

Numa perspectiva da evolução e do estudo da Neurociências aplicada à educação e ao desenvolvimento humano destaca contribuições importantes de Alexander Romanovich Luria (1902-1977), psicólogo e médico que se dedicou em estudar com Lev Vygotsky (1986-1932), também psicólogo, os processos mentais em crianças. A união entre esses dois psicólogos pode dar início a neuropsicologia, que nasceu como uma disciplina diagnóstica com o objetivo de estudar a relação do cérebro com o comportamento humano, estudando as funções mentais superiores, alterações cognitivas e comportamentais. (Anautate e Glozman, 2017).

As autoras acima referidas, colocam que Luria, seguindo os estudos de Vygotsky, busca compreender em quais áreas do cérebro trabalham em conjunto e como cada uma participa da construção de uma atividade mental complexa e específica.

Kristensen, Almeida e Gomes (2001), ressalta a contribuição de Luria no que refere-se às inovações metodológicas propostas no exame clínico: técnicas aparentemente simples, mas orientadas pela sua visão das funções corticais superiores, ou seja, Luria propõe um modelo teórico que dirige o trabalho neuropsicológico. Na concepção de Luria, *"desde uma perspectiva da localização sistemática das funções, consideramos os processos corticais superiores como sistemas funcionais complexos dinamicamente localizados"*

Há algumas pesquisas que a história da Neuropsicopedagogia, segundo a Sociedade Brasileira de Neuropsicopedagogia (SBNPp), se inicia com um grupo de professores, em 2008, Joinville, Santa Catarina, onde esse grupo, recebeu um pedido do diretor da instituição em que trabalhavam para que pudessem promover observações e pesquisas, com base em um aguçado senso crítico e movido aos anseios de responsabilidades com o contexto escolar que vivenciavam na época." *(disponível em: https://www.sbnpp.org.br/ Acesso em 24/06/2021)*

Este grupo era composto por Médicos, Psicólogos, Professores, Psicopedagogos, Psicólogos, Neuropsicólogos, Fonoaudiólogos, Terapeutas Ocupacionais, Fisioterapeutas e Neurocientistas, desta forma uniram a **Neurociências, Psicologia e Pedagogia**. Neste caso, um encontro com grandes resultados. (Sociedade Brasileira de Neuropsicopedagogia)

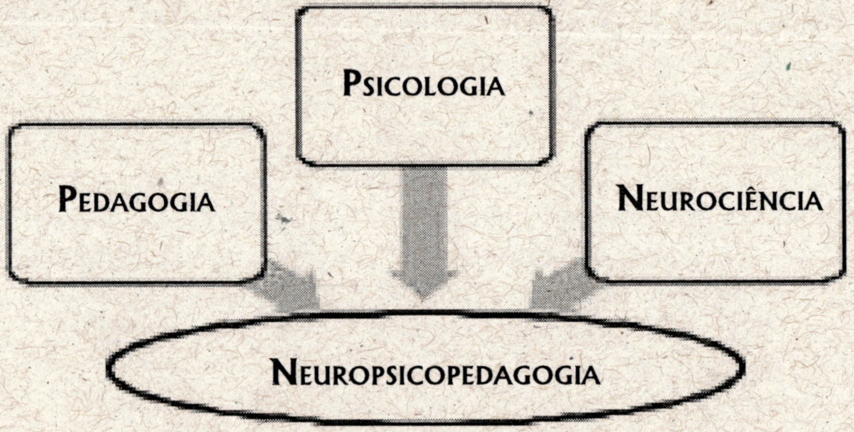


***Figura 1- Neuropsicopedagogia***

Com os avanços na descoberta do funcionamento do cérebro e como acontece a aprendizagem, a Neurociência tem feito contribuições acerca das funções mentais no desenvolvimento humano.

É neste sentido que Simão, Corrêa, Ferrandini (2020), fazem menção a importância de uma nova área, que é a Neuropsicopedagogia, tendo como objeto central de estudo a relação entre sistema nervoso e a aprendizagem humana, sob um ângulo apoiado na integração pessoal, social e educacional do aluno.

Fonseca (2014), trata que a neuropsicopedagogia revela-nos as habilidades do cérebro, quer dos alunos quer dos professores. Nos alunos, quando se comportam de forma socialmente positiva, e quando aprendem a usar os instrumentos cognitivos (linguagem corporal, artística, falada, escrita e quantitativa) da cultura em que estão inseridos. Nos professores, quando transmitem, mediatizam e ensinam competências e conhecimentos, uma vez que está implícita no ato educativo uma interação entre dois sujeitos, isto é, uma intersubjetividade.

Arruda (*in* Dias e Mecca, 2015), afirma que em 2006, um grupo de Neurocientistas de universidades americanas fundou a International Mind, Brain, and Education Society (Internacional Mind, 2006), um novo ramo das Neurociências que tem como objetos de estudo a educação e o cérebro, entendido como um órgão social que pode ser modificado pela prática pedagógica e educacional.

Partindo desse pressuposto, enquanto a Neurociência se dedica ao funcionamento do cérebro e a Pedagogia visa o ensino e a aprendizagem, a Neuropsicopedagogia se configura num outro formato, com a união destas áreas: Neurociências, Psicologia e Pedagogia.

A construção de uma ponte entre **N**eurociências, Psicologia e Pedagogia já resulta uma transformação histórica da prática pedagógica. A interpretação e a aplicação adequada das pesquisas na escola e na sala de aula, suas implicações positivas para o comportamento, desempenho escolar e saúde mental dos alunos (Arruda, *in* Dias e Mecca, 2015),

O impacto das Neurociências na educação é cada vez maior, principalmente o fato dos novos métodos de imagens do funcionamento cerebral serem cada vez mais sofisticados e, aclaram de vez a identificação e a intervenção das dificuldades de aprendizagem. O que possibilitou não apenas identificar os fatores neurobiológicos e neuropsicológicos, mas também as respostas de intervenções pedagógico-reeducativa. (Fonseca, 2021).

A prática escolar e a minha vivência como pesquisadora nas escolas, demonstra que a Pedagogia olhava apenas para a aprendizagem, não fazia parte do currículo da formação de professores o estudo da Neurociência, isto se dava apenas na área médica, sendo assim, pouco professores e escolas tinham acesso a publicações e pesquisas, fato que vem sendo modificado. Diante de um quadro pandêmico, plataformas digitais, cursos on-line, o acesso à informação dessa área ficou mais próximo da escola e de seus membros. Apesar de forma ainda lenta, este conhecimento tem sido ampliado e difundido, chegando exatamente onde é necessário, dentro do ambiente escolar.

O vínculo entre a Psicologia e Educação tem incentivado um novo olhar sobre o aprendizado e o ensino neste período difícil, além de oferecer várias contribuições por meio de teorias sobre o desenvolvimento humano. Muitos profissionais da área se prontificaram a fazer atendimento *on-line* e gratuito. (Conte, 2020)

Fonseca (2021), define a Neuropsicopedagogia como uma área do conhecimento que procura cruzar, sintetizar e integrar, sinergeticamente, os conteúdos das **Neurociências, da Psicologia** (cognitiva e desenvolvimental) e da **Pedagogia**, enfocados na aprendizagem humana. (p.31).

Ainda em sua obra, Fonseca (2021), afirma que a neuropsicopedagogia sustentada nas Neurociências parece estar cada vez mais próximo de explicar o papel das habilidades, competências e capacidades cognitivas específicas para a aprendizagem tanto escolar quanto para o sucesso na vida.

Apesar da atuação do Neuropsicopedagogo ainda estar muito voltada para a área clínica, este profissional também está tendo maior aceitação dentro das instituições escolares, isto é muito positivo, o que será destacado mais para frente. Fato devido ao número crescente de alunos com dificuldades.

Devido ao grande número de crianças com necessidades especiais no ensino regular, faz-se necessário a atuação deste profissional que pode auxiliar e orientar o professor dentro da sala de aula.

A Neuropsicopedagogia surgiu da necessidade de agregar, aos profissionais da Psicopedagogia e da Educação, um conhecimento que antes se limitava apenas à área médica e da Psicologia. Este conhecimento tinha que ser ampliado para as funções do cérebro, sobre como este cérebro aprende como busca melhores estratégias para uma aprendizagem mais efetiva. Questionamentos pedagógicos como: falta de atenção, dificuldades na leitura e na escrita, memória, raciocínio lógico passam a ser discutidos além das questões pedagógicas ou comportamentais.

Russo (2015), levanta um questionamento a respeito desta abordagem, que, a Neuropsicopedagogia, embora estude o funcionamento do cérebro e o comportamento humano, tem os alicerces de sua prática nas teorias da aprendizagem e nas estratégias para o ensino-aprendizagem. (p. 17).

A educação é um dos fatores mais importantes para um novo caminho até mesmo na erradicação da pobreza e impulsionar o crescimento de um país. Mas educação não se faz sozinha sem conhecimento.

Nesta perspectiva, o papel do Neuropsicopedagogo valida sua atuação tanto na área da saúde quanto na educação, sempre com o intuito de prevenção ou de intervenção.

O que muito tem se discutido na área da educação é o fato de ter embasamento científico, sendo necessário ter alguns critérios estabelecidos, assim como é descrito pelos autores Orsati et al (2015), é necessário a verificação de um processo, a qualidade do ensino e a veracidade dos estudos. Em escolas públicas e particulares da Europa e dos Estados Unidos a utilização de práticas baseadas em evidências é bem documentada.

Fato que não se encontra com muita facilidade no Brasil. A educação ainda não traz os resultados esperados e o que se encontra são alunos concluindo o ensino médio sem requisitos básicos tanto na área da linguagem, matemática quanto de conhecimentos gerais.

Esses dados podem ser encontrados no Relatório do Brasil no PISA (Instituto Nacional de Estudos e Pesquisas Educacionais, 2018), publicado em 2020. Nesse relatório os dados mostram que no Brasil, 50% dos estudantes atingiram o Nível 2 de proficiência em Leitura (média da OCDE: 77%). Esses estudantes conseguem, no mínimo, identificar a ideia principal em um texto de extensão moderada, encontrar informações baseadas em critérios explícitos, embora às vezes complexos, e refletir sobre o propósito e a forma dos textos quando explicitamente instruídos a fazê-lo. E apenas cerca de 2% dos estudantes obtiveram desempenhos em Leitura, o que significa que atingiram o Nível 5 ou 6 no teste de Leitura do Pisa (média da OCDE: 9%).

Há pelo menos 30 anos a escola vem se colocando no papel de mudança, porém as mudanças foram superficiais, fato que se dá pelos resultados do Brasil no Programa Internacional de Avaliação de Estudantes (PISA), que avalia as áreas de leitura, matemática e ciências de 79 países. Ainda é possível ter alunos concluindo séries finais do Ensino Fundamental com defasagem na área da linguagem, da matemática e conhecimentos básicos.

Diante desta problemática, em que muitos alunos concluem seus anos escolares com defasagem de conteúdo, a Neuropsicopedagogia é uma área que está crescendo e ocupando um espaço muito importante na compreensão do desenvolvimento humano.

É nesse ponto que trata-se a importância da Neuropiscopedagogia atuar na escola tanto com os estudantes quanto com o corpo docente. Assim, segundo a Sociedade Brasileira de Neuropsicopedagogia, trata de uma ciência transdisciplinar com foco e objetivo pautado na relação do cérebro com a aprendizagem humana.

Percebe-se que somente a Pedagogia não dá mais conta de compreender as diversas dificuldades escolares e também há um número crescente de transtornos ou síndromes e sua inclusão na escola.

Anauaete e Glozman (2017), colocam que a criança age sobre o ambiente em que está inserida, imersa na cultura sócio-histórica, na qual interfere, mas também sobre sua influência no decorrer do aprendizado e do desenvolvimento cognitivo.

Não se pode falar de educação sem citar as contribuições de Piaget e Vygotski, dois estudiosos que são muito abordados nos cursos de educação.

Piaget, foi um biólogo, psicólogo e epistemólogo suíço, considerado um dos mais importantes pensadores do século XX. Ele estudou sobre a Psicologia Evolutiva, que se converte numa ciência que conceba o desenvolvimento da relação com o objeto como um processo único de transações indissolúveis-tanto afetivas quanto cognitivas. Seus estudos ficaram quase que exclusivamente ao conhecimento do desenvolvimento intelectual e as condutas da criança, com grande ênfase na formação da inteligência (Lopes, 1983, p. 15). A preocupação central de Piaget dirige-se à elaboração de uma teoria do conhecimento, que possa explicar como o organismo conhece o mundo. Ele vê a criança como que tentando descobrir o sentido do mundo, lidando ativamente com objetos e pessoas. A criança vai construir estruturas mentais e adquirir modos de funcionamento dessas estruturas em função de sua tentativa incessante de entender o mundo ao seu redor, compreender seus eventos e sistematizar suas ideias num todo coerente. (Rappaport,1981,p.52).

Doige (2017) mostra em sua obra como o cérebro pode se modificar e se transformar por meio da Neuroplasticidade, a capacidade que o cérebro tem em se reorganizar e que pensar, aprender ou agir podem ativar ou desativar nossos genes, moldando assim nossa anatomia cerebral e nosso comportamento. A neuroplasticidade tem o poder de produzir comportamentos mais flexíveis, mas também mais rígidos. Isto quer dizer, que a neuroplasticidade pode ter efeitos negativos ou positivos.

Comparando as citações de Piaget com a de Doidge (2017), faz-se necessário um questionamento e estabelece-se um comparativo com a Neurociências e a Neuropsicopedagogia, que já há muitas evidências que o homem aprende e se modifica à medida que interage com o meio social e cultural que vive. Crianças que possuem poucas oportunidades e menores estímulos comparadas com outras, que são estimuladas e vivenciam diferentes experiências, têm mais chances de dificuldades na escola e lidam com maiores dificuldades em situações de conflitos. Neste quesito, a atuação da Neuropsicopedagogia pode ajudar no processo de aquisição do conhecimento por meio de estímulos.

Em decorrência da grande necessidade de como intervir no processo de aprendizagem, e não somente conhecer os conceitos do sistema nervoso, surgiu a necessidade de se ter no Brasil uma formação específica em Neuropsicopedagogia (Simão, G. F.; Corrêa, T. H. B.; Ferrandini, L. M, 2020).

Em contrapartida, Lev Vygotski, psicólogo russo fez muitas contribuições que embasaram estudos de como o cérebro aprende, é imensurável suas contribuições tanto para a Psicologia quanto para a Pedagogia. Segundo Rego (1998), o psicólogo foi o primeiro a sugerir os mecanismos pelos quais a cultura torna-se parte da natureza de cada pessoa. Apesar de ter criticado as teses de Piaget, reconhece a riqueza de sua obra no estudo da cognição.

> "A teoria histórico-cultural do psiquismo, também conhecida como abordagem sócio interacionista elaborada por Vygotsky, tem como objetivo central caracterizar e elaborar hipóteses tipicamente humanos do comportamento e elaborar hipóteses de como essas características se formaram ao longo da história humana e de como se desenvolvem durante a vida de um indivíduo. (Rego, 1984, p. 38)

Rego (1984), destaca que Vygotsky e seus seguidores dedicavam seus estudos ao comportamento humano, buscavam uma explicação detalhada da história do desenvolvimento com o objetivo de estabelecer as relações entre formas simples e complexas do comportamento humano e o contexto social.

Assim, diante destes teóricos, aborda-se uma relação com a atuação da Neuropsicopedagogia em que a aprendizagem acontece com a interação e a relação com o outro, não é exclusiva do homem desde o nascimento e sim da construção com o meio social e cultural. O homem transforma o meio que está inserido e é transformado com esta relação.

Luria, também psicólogo soviético fez muitas contribuições na área da Neuropsicologia junto com Vygotsky. Ambos desenvolveram inúmeros trabalhos sempre com a relação de que a interação da criança com o adulto é fundamental para a aprendizagem e para a formação das funções mentais superiores.

> "Ao longo da história sobre a neurociência cognitiva, pode-se observar que as pesquisas de estudiosos, como Lev Semenovich Vygotsky (1896-1934) e Alexander Romanovich Luria (1902-1977) e tantos outros da área de neuroanatomia e neuropsicologia assemelham-se ao que evidencia-se na ciência contemporânea sobre os processos cognitivos de aprendizagem e de linguagem" (Bastos e Alves, 2013, https://revistas.unifoa.edu.br/praxis/article/view/580, acesso em 05/11/2021, https://doi.org/10.25119/praxis-5-10-580).

Cabe nesse momento, estabelecer uma relação entre a área da psicopedagogia e da neuropsicopedagogia e suas atuações, o que será pontuado no próximo capítulo.

# 2
# PSICOPEDAGOGIA

Moraes (2010) define a Psicopedagogia como sendo um campo de conhecimento e atuação que lida com os problemas de aprendizagem nos seus padrões normais ou patológicos, considerando a influência da família, da escola e da sociedade no seu desenvolvimento.

> "É uma ciência que estuda o processo de aprendizagem humana, suas características, como se aprende, como aprendizagem varia evolutivamente, como se produzem as alterações na aprendizagem, como reconhecer, tratar e prevenir essas alterações". (Moraes, 2010, p. 03)

Bossa (2019), aborda que a Psicopedagogia surgiu da necessidade de uma melhor compreensão do processo de aprendizagem, e não apenas como aplicação da Psicologia à Pedagogia.

Anjos e Dias (2015), considera que a Psicopedagogia possui um enfoque interdisciplinar abrangendo a Pedagogia, a Psicanalise, a Psicologia, a Epistemologia, a Linguística e a Neuropsicologia, dentre outras áreas do conhecimento. (Bossa, 2011, p.40 *in* Anjos e Dias, 2015).

Rubinstein, Castanho e Noffs (2004), trata a história da Psicopedagogia, onde desde o início do século XX, surge movimentos educacionais e psicológicos com o objetivo de compreender as razões do fracasso das crianças na escola, apenas no aluno, nas suas características individuais. Posteriormente, a teoria da "carência cultural", bastante difundida nas décadas de 60 e 70, buscava explicações para o fracasso escolar a partir da análise do meio cultural deficitário dos alunos. A tendência contemporânea era considerar o insucesso escolar como sintoma social e não como uma patologia do aluno.

Silva, Bomfim, Sousa, Farias Júnior (2020) referem-se que a Psicopedagogia traçou o percurso da França para a Argentina, para, então, ser desenvolvida no Brasil. A Argentina, com influências europeias, também desenvolve estudos e trabalhos com pessoas com dificuldades de aprendizagem. Os estudos das áreas de Psicologia, Psicanálise, Pedagogia e Medicina fundamentam os estudos nesse país. Quando chegam ao Brasil, as práticas psicopedagógicas têm influências tanto europeias quanto norte-americanas. Porém, Argentina e França tiveram mais força nos estudos psicopedagógicos brasileiros. A Psicopedagogia no Brasil chega na década de 1970, influenciando diversos campos de estudos, tais como Educação e Psicologia, em especial a Psicologia Social, que buscava uma psicologia que atendesse às demandas do país.

Assim, é possível concluir que a Psicopedagogia surgiu na França, passa pela Argentina chegando ao Brasil por volta de 1970 para atender as dificuldades de aprendizagem que já nesta época eram muitas. Atualmente, a Psicopedagogia considera o ser humano como um sujeito global (família, escola, sociedade e a cultura em que está inserido.)

Bossa (2019), considera ainda que:

> "no Brasil, particularmente durante a década de 1970, foi atribuído, principalmente, a um conjunto de comportamentos chamados à época de Disfunção Cerebral Mínima as causas do insucesso na escolaridade. A ideia, amplamente aceita no Brasil (e em outros países) de que o problema de aprendizagem estivesse relacionado a fatores neurológicos, prevalece ainda hoje." (Bossa, 2019, p. 24)

Compreender o papel da Psicopedagogia hoje no Brasil é mais efetivo do que em 1990, a facilidade de cursar o curso de especialização, após a graduação, incluindo os cursos à distância. Apesar da propagação da área, sua definição é confundida por alguns, os profissionais não devem exercer apenas o papel de resolver as dificuldades escolares, mas também como prevenção.

O termo Psicopedagogia curativa, adotado por Janine Mery, é usado para caracterizar uma ação terapêutica que considera aspectos pedagógicos e psicológicos no tratamento de crianças que apresentam fracasso escolar. Segundo essa autora, tais crianças "experimentam dificuldades ou demonstram lentidão em relação aos seus colegas no que diz respeito às aquisições escolares. (Mery, 1985, p.16 apud Bossa, 2019)

Weiss (2001) considera que o fracasso escolar atualmente tem que ser analisado e estudado partindo de diferentes perspectivas: a da sociedade, a da escola e a do aluno.

Neste ponto, que se faz necessária uma reflexão sobre a mudança do olhar para a área. No processo ensino e aprendizagem, a área da Psicopedagogia tem ganhado força com o objetivo de oferecer também conhecimento científico à área compreendendo não apenas a teoria, mas sim a metodologia e a prática escolar.

A Psicopedagogia hoje vem mais associada à educação do que a Psicologia, o profissional que atua neste campo estará diretamente com o ensino e a aprendizagem, buscando estratégias para que o paciente supere suas dificuldades e bloqueios em relação ao âmbito acadêmico.

Segundo *Projeto de Lei da Câmara n° 31, de 2010*, que trata da regulamentação da área de Psicopedagogia, descreve as funções e atribuições, no qual destaca-se no Art.4º:

> "intervenção psicopedagógica, visando à solução dos problemas de aprendizagem, tendo por enfoque o indivíduo ou a instituição de ensino público ou privado ou outras instituições onde haja a sistematização do processo de aprendizagem na forma da lei." Disponível em: https://legis.senado.leg.br/sdleg-getter/documento?dm=2958554&ts=1594031609034&disposition=inline Acesso em 02/05/2021, às 10h36)

Segundo a Associação Brasileira de Psicopedagogia, capítulo 1, parágrafo 2, a intervenção psicopedagógica ocorre em diferentes sistemas e sujeitos, quer que sejam pessoas, grupos, instituições e comunidades considerando os processos de aprendizagem e seus contextos, em situações de pesquisa, de atendimento clínico e/ou institucional. (ABPp- Disponível em: https://www.abpp.com.br/wp-content/uploads/2020/11/codigo_de_etica.pdf) Acesso em 26/12/2021)

Assim, o profissional da Psicopedagogia pode atuar tanto em clínica quanto em instituição (escolar ou hospitalar). E no quesito intervenção menciona-se a importância de compreender o processo de aprendizagem e os fatores que interferem positivamente ou negativamente para que esse processo aconteça adequadamente.

Segundo Soares (2019), o objetivo do psicopedagogo é "decifrar como ocorre o processo de construção do conhecimento".

Frente às novas dimensões de uma educação inclusiva, a área de Neurociências traz contribuições importantes sobre o estudo do cérebro, sendo propagado com maior intensidade nos anos 2000, daí surge a necessidade de se ampliar a área da Psicopedagogia com um olhar mais específico para o desenvolvimento humano e como cérebro aprende.

Ainda é necessário destacar que com novas leis no Brasil, as crianças com necessidades especiais, foram incluídas nas escolas regulares surgindo leis que regulamentam o processo de inclusão.

Apesar do objetivo ser o mesmo nas duas áreas de Psicopedagogia e Neuropsicopedagogia, o que difere especificamente uma da outra, é que na Neuropsicopedagogia há aplicação de testes para detectar e mapear o desenvolvimento humano sempre comparado com os marcos de desenvolvimento infantil e do funcionamento do cérebro. É possível emitir relatórios com base no CID (Classificação Internacional de Doenças e Problemas Relacionados à Saúde) e no DSM (Manual Diagnóstico e Estatístico de Transtornos Mentais.)

A Psicopedagogia também há aplicação de testes projetivos, psicométricos e testes pedagógicos. "Dentre os instrumentos de avaliação também podemos destacar: escrita livre e dirigida, visando avaliar a grafia, ortografia e produção textual (forma e conteúdo); leitura (decodificação e compreensão); provas de avaliação do nível de pensamento e outras funções cognitivas; cálculos; jogos simbólicos e jogos com regras; desenho e análise do grafismo" (MORAES, 2010).

Em seu artigo acadêmico, Moares (2010) ainda destaca as etapas para uma avaliação psicopedagógica precisa e assertiva, no qual envolve vários fatores para as dificuldades da criança, desde as habilidades acadêmicas, cognitivas, emocionais da criança, estímulos e esquemas de reforçamento aos quais responde e sua interação com as exigências escolares.

Moojen (2004), relata que o psicopedagogo deve estar muito bem atento à queixa e realizar uma boa anamnese e conforme a queixa, aplica-se testes como o Teste Par Educativo, que demonstra o vínculo da criança com a escola, além de serem necessários outros testes como de vocabulário, fluência verbal, consciência fonológica, pode ser aplicado, também instrumentos para avaliar leitura, aritmética, as provas operatórias de Piaget para o nível de pensamento.

Neste quesito faz-se necessário uma reflexão, pois alguns testes mencionados por Moojen devem ser realizados por outros especialistas como fonoaudiólogo, que a partir de sua análise auditiva e de processamento auditivo, deverá trabalhar concomitantemente com o psicopedagogo. Atualmente, uma avaliação multidisciplinar é muito mais eficiente, pois considera-se as dificuldades como um todo. É preciso reafirmar o papel do psicopedagogo e sua atuação.

Contribuições científicas tanto na área da Psicopedagogia quanto na Neuropsicopedagogia tem como propósito não apenas cognitivo, mas inclui-se os aspectos psicossociais, afetivos e corporais.

Ampliando um olhar para a abordagem psicopedagógica e saindo deste contexto histórico depara-se com um olhar muito interessante sobre a atuação do psicopedagogo, no qual amplia-se para o neuropsicopedagogo, pois independente de sua nomenclatura ambas se encontram para o olhar atento ao desenvolvimento humano e suas potencialidades.

Férnandez (1991), traz uma contribuição sobre o saber psicopedagógico que julga-se ser essencial que se obtém a partir da experiência e por meio do tratamento psicopedagógico. É necessário um trabalho de autoanálise das próprias dificuldades e possibilidades no aprender, sendo que o psicopedagogo deve ter um olhar e uma escuta atenta: "O saber permite apropriar-se dos conhecimentos e o aprender os supõe."

Essencial que o profissional psicopedagógico e neuropsicopedagógico tenha ciência plena que deve fazer aprimoramento constante sempre se atualizando e aprendendo. As crianças e adolescentes que chegam à escola ou ao consultório são diferentes e respondem as intervenções de forma diferente, portanto é de fundamental importância a diversificação de estratégias.

Ainda há de mencionar a perspectiva que a psicopedagogia sempre foi vista como o tratamento do fracasso escolar, como uma resposta ao resultado obtido na escola. "A não-aprendizagem na escola é uma das causas do fracasso escolar e podem ser detectados por meio do diagnóstico escolar" (Weiss, 2001).

Diante de minha experiência atuando na área da Psicopedagogia, foi possível perceber o quanto suas funções são confundidas, como um professor particular, àquele responsável em retomar os conteúdos programáticos. É preciso quebrar este paradigma, pois sua função é mais ampla na busca de estratégias também preventivas.

A atuação do psicopedagogo frente à instituição escolar deve -se objetivar não apenas o "fracasso escolar", mas o aspecto preventivo frente às dificuldades escolares.

Na afirmação citada acima, destaca-se a colocação de Weiss (2001) que o ato de ensinar não pode se restringir ao fracasso do aluno, deve ser considerado a estrutura escolar, os professores, as famílias e a sociedade. Além da diferença entre a qualidade do ensino público e do privado.

A seguir destaca-se um pequeno resumo sobre as principais diferenças entre os campos de atuação das áreas:

| PSICOPEDAGOGIA | NEUROPSICOPEDAGOGIA |
|---|---|
| • Junção da psicologia com a pedagogia.<br>• Realiza estratégias para facilitar a aprendizagem com base em diagnósticos feitos por outros especialistas (fonoaudiólogos, psicólogos, médicos...).<br>• Emite relatórios com abordagem pedagógica. | • Junção da psicologia, da pedagogia e da neurociências<br>• Investiga e estuda a relação do neurodesenvolvimento com a aprendizagem humana.<br>• Aplica testes relacionados ao CID e aos transtornos de desenvolvimento.<br>• Emite relatórios com análise no funcionamento do cérebro. |

**Tabela 1. Diferenças entre Psicopedagogia e Neuropsicopedagogia**

Considerando-se cada área e suas especificidades, é de fundamental importância compreender que ambas se complementam.

# 3

# ATUAÇÃO DO NEUROPSICOPEDAGOGO

O Neuropsicopedagogo pode atuar tanto na área clínica quanto institucional, dando ênfase sempre à aprendizagem. Esta é uma área que tem bases científicas, que antes se fundamentava apenas na Psicopedagogia e na Psicologia.

Para atuar como Neuropsicopedagogo é necessário realizar um curso de pós-graduação, e a profissão ainda não está regulamentada, porém o reconhecimento Neuropsicopedagogo Clínico (2394-40) e do Neuropsicopedagogo Institucional (2394-45) como profissões oficias estão de acordo com a CBO – Classificação Brasileira de Ocupação. Há ainda possibilidades de atuação na área hospitalar seja de forma individual ou coletiva.

Mesmo que a profissão ainda não esteja regulamentada, o neuropsicopedagogo deve respeitar o Código de Ética Técnico Profissional.

Apesar de sua atuação em clínicas e instituições, em meio à uma pandemia ocorrida devido ao COVID-19 (segundo o Ministério da Saúde é uma infecção respiratória aguda causada pelo coronavírus SARS-CoV-2, potencialmente grave, de elevada transmissibilidade e de distribuição global), a atuação aconteceu, em alguns momentos de forma virtual para que pudesse continuar atendendo seus pacientes sempre de forma ética baseada no respeito e na liberdade.

Para que o Neuropsicopedagogo possa atuar deve seguir algumas normas que foram estabelecidas pela SBNPp, dentre elas destaca-se:

> Artigo 16º. O Neuropsicopedagogo deve ter como princípio básico a promoção do desenvolvimento das pessoas que a ele recorrem para atendimento profissional devendo utilizar todos os recursos técnicos disponíveis (principalmente a transdisciplinaridade) e de acordo com cada especificidade, proporcionando o melhor serviço possível.

O neuropsicopedagogo deve possibilitar o diálogo entre a neurociência e os processos de aprendizagens. Para Relvas (2015), a Neurociência é uma ciência nova, que trata do desenvolvimento químico, estrutural e funcional, patológico do sistema nervoso. Considerações relevantes para os desafios no processo de aprendizagem, o neuropsicopedagogo abrange oportunidades para intervenções promissoras na instituição de ensino. (Relvas, 2015 *in* Santos, 2021).

Reforçando essa afirmação, Fonseca (2024) coloca que o papel do neuropsicopedagogo institucional é de suma importância, pois a ele compete por meio de seus conhecimentos, importante função de socializar os conhecimentos disponíveis, proporcionar o desenvolvimento cognitivo, potencializando suas habilidades dos alunos, sendo indispensável uma comunicação direta com todos os alunos e professores neste processo e, isto inclui não só a equipe pedagógica, mas principalmente a família, para que em conjunto possam dar um assessoramento a criança com dificuldades de aprendizagem, bem com as necessidades especiais

Sua principal função é integrar as áreas da Psicologia, Pedagogia e Neurociências. O profissional que atua nesta área deverá estar em constante atualização e busca de novas investigações científicas, salvo que a área da Neurociências tem feito grandes contribuições em pesquisas sobre o funcionamento do cérebro e como o ser humano aprende.

Santos (2021), destaca que o acompanhamento do neuropsicopedagogo na instituição e sua prática deve estar ligada intimamente com a afetividade, exercendo suas funções para as quais está habilitado e qualificado, trazendo benefícios para a aprendizagem que ultrapassem o ambiente escolar

Uma prática efetiva nas áreas com estratégias precisas permite que o paciente possa ter avanços na aprendizagem, principalmente no campo acadêmico, onde a demanda é muito maior e tem se acentuado cada vez mais.

Diante da atuação, os princípios devem estar pautados na ética deste profissional que se submete ao cuidado na realização de protocolos, encaminhamentos, intervenções, nos relatórios e conclusões dos diagnósticos, visando o bem-estar do seu paciente, bem como, o seu desenvolvimento, fazendo com que adquire plena confiança em seu trabalho (Rosario et. al, 2018 apud Ferreira e Silva, 2021).

Ressalta-se ainda a importância do Neuropsicopedagogo dentro da escola, pois a demanda de alunos com necessidades especiais na educação básica tem trazido aos professores uma angústia e uma dificuldade na inclusão e na equidade do processo escolar.

Destaca-se, no artigo 30º do Código de Ética Técnico Profissional parágrafo II, a atuação no campo institucional não apenas o fato de intervir nas dificuldades, mas também na prevenção, como:

> Criação de estratégias que viabilizem o desenvolvimento do processo ensino-aprendizagem dos que são atendidos nos espaços coletivos e, quando necessário, de forma individual para triagem.

Já para atuação clínica, deve estar de acordo com o artigo 31º do Código de Ética Técnico Profissional, no qual destaca-se no parágrafo II:

> Avaliação, intervenção e acompanhamento do indivíduo com dificuldades de aprendizagem, transtornos, síndromes ou altas habilidades que causam prejuízos na aprendizagem escolar e social, através de um plano de intervenção específico que prevê sessões contínuas de atendimento.

Segundo o código de ética da Sociedade Brasileira de Neuropsicopedagogia, por se tratar de uma atuação complexa, é imprescindível que haja um olhar para as dificuldades escolares e para os transtornos, síndromes ou quaisquer questões físicas ou genéticas se fundamenta em pesquisas e dedicação do Neuropsicopedagogo, com ética em sua atuação. Fato essencial é sua atuação é o sigilo sobre sua aplicabilidade.

As famílias, ao procurar um especialista, demonstram desde resistência ao tratamento até uma grande expectativa para soluções rápidas.

Este avanço no estudo das Neurociências possibilita uma interdisciplinaridade e uma transdisciplinaridade no processo de aprendizagem.

Queluz (2000), define interdisciplinaridade como uma atitude de superação de toda e qualquer visão fragmentada, sem anular a identidade das disciplinas ou das áreas de conhecimento.

A Base Nacional Comum Curricular (BNCC,2017) traz novas diretrizes para o ensino básico no Brasil, na Educação Infantil, é retratado que a criança aprende por campos de experiências e uma integração dos conteúdos programáticos. Os campos de experiência citados na BNCC são cinco:

- Eu, o outro e o nós
- Corpo, gestos e movimentos
- Traços, sons, cores e formas
- Escuta, fala, pensamento e imaginação
- Espaço, tempo, quantidades, relações e transformações

Correlacionar as diferentes áreas do conhecimento é difundido por vários especialistas da educação, que o aluno não aprende de forma compartimentada, envolver Matemática com Linguagem e com Geografia, por exemplo traz muito mais aprendizagem. Assim, o papel do neuropsicopedagogo aliado ao pedagogo pode favorecer na elaboração de estratégias para que os alunos aprendam de forma eficaz e precisa.

O processo de aprendizagem não configura numa estrutura, é preciso considerar uma articulação entre o momento histórico, um organismo, uma etapa genética da inteligência e um sujeito associado a outras estruturas teóricas como ao materialismo histórico, à teoria de Piaget e a Psicanálise (PAIN, 1992).

Compreender como o indivíduo aprende e a relação do desenvolvimento com o funcionamento do cérebro, desde sua concepção até a idade adulta deve ser tratado pela atuação do neuropsicopedagogo.

Esse profissional deve buscar atualização com cursos de formação, além da pós-graduação, pois é uma área de constante mudança e diante de uma variedade de transtornos no neurodesenvolvimento e dificuldades de aprendizagem, que se acentuaram em meios a uma educação remota no ensino básico.

Para Russo (2015),

> "as neurociências cognitivas fornecem aos profissionais de saúde e educação as bases teóricas sobre o funcionamento neurológico, a plasticidade cerebral, o desenvolvimento e a maturação cerebral, subsídios esses que auxiliarão na compreensão do processo ensino-aprendizagem." (p. 19)

Em um processo é necessário compreender como o cérebro funciona e os fatores externos e internos que interferem na aprendizagem. Para Aguilar (2021), os fatores externos referem-se à condução da aula, metodologia, vínculo professor e aluno, relações familiares, violência, fator econômico, social e as experiências que o aluno tem. Crianças que têm possibilidades de frequentar teatros, cinemas e acesso a livros têm experiências diferentes e melhores do que as que são privadas destes requisitos. Já os fatores internos como algum problema no parto, síndromes, transtornos, falta de nutrientes na gestação, consumo de bebidas alcóolicas, drogas, deficiências físicas, uma lesão proveniente de um acidente, ou uma doença adquirida antes ou depois do nascimento.

O neuropsicopedagogo pode aplicar testes padronizados tanto na área da linguagem, matemática e motora, e para o trabalho de intervenção e estimulação sugere-se atividades lúdicas, histórias, brincadeiras, musicalização entre outras.

Ressalta-se que a atuação do neuropsicólogo se diferencia do neuropsicopedagogo nos instrumentos de avaliação padronizados e emissão de laudos clínicos, jurídicos ou de perícia (Russo, 2015).

Os métodos neuropsicológicos compreendem não somente testes, mas também procedimentos que têm, como produto, a análise do comportamento e, mais especificamente, das funções cognitivas e suas correlações com as funções e áreas cerebrais (Wajman, 2017)

Portanto, conhecer como o cérebro aprende e todas as suas potencialidades fará ao profissional tanto clínico quanto escolar, uma maior fundamentação sobre as intervenções corretas.

# 4

# NEUROANATOMIA

Compreender o funcionamento do cérebro é um processo que traz curiosidade há milhares de anos. Desde os primórdios, nossos ancestrais tinham o hábito de fazer a trepanação, não com o intuito de matar, mas sim com o de curar de algumas doenças como a epilepsia.

A trepanação era uma cirurgia realizada através de um furo no crânio usando um trépano (uma broca). Esse procedimento já retrata o quanto conhecer o cérebro é algo fascinante.

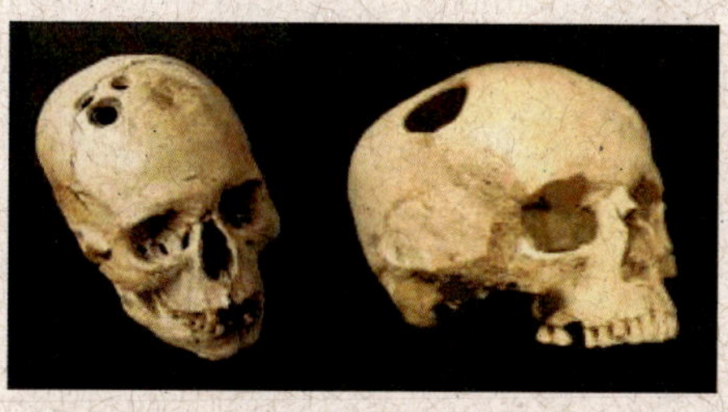

Não muito tempo atrás, muitas pessoas foram internadas em manicômios quando tinham crises, por exemplo, de autismo, e muitos distúrbios neurológicos eram tratados como "loucura", "maus espíritos" entre doenças que acreditavam ser transmissíveis.

O encéfalo é composto por: cérebro, cerebelo e tronco encefálico (mesencéfalo, bulbo e ponte). Nosso cérebro é dividido em dois hemisférios: direito e esquerdo e apesar desta divisão eles se integram em sua funcionalidade.

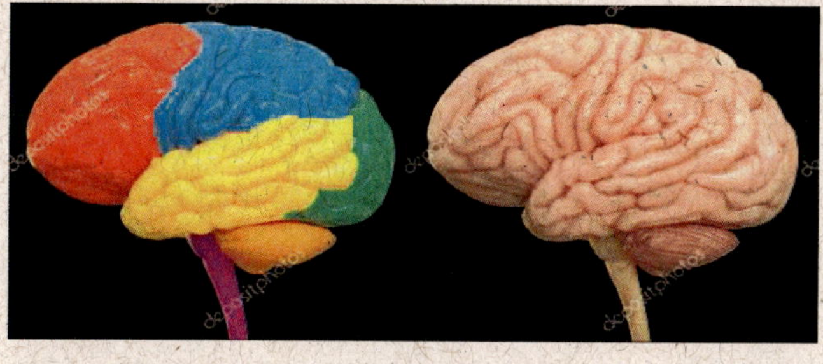

Temos em nosso Sistema Nervoso Central aproximadamente 80 bilhões de neurônios que são diferentes e tem funções específicas. Para que todas as funções estejam em pleno desenvolvimento, é necessário que suas integridades estejam sempre funcionando adequadamente. Se há qualquer desajuste, há prejuízos em algum aspecto seja físico, motor, afetivo e cognitivo.

Os neurônios se comunicam através de sinapses e este espaço entre um neurônio e outro dá-se o nome de fenda sináptica. Assim como há neurônios sensoriais, motores e interneurônios, que são àqueles que fazem parte da medula espinhal e recebe a informação dos neurônios sensoriais.

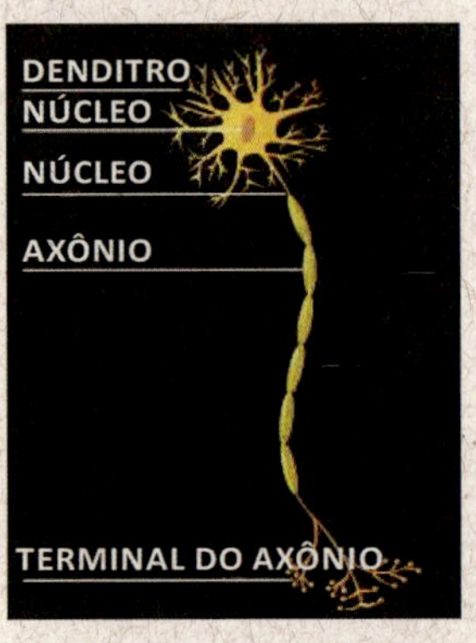


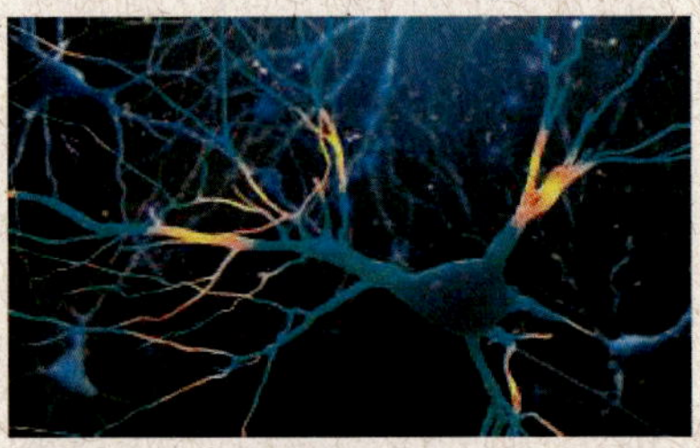

*"O neurônio é uma célula nervosa, ligada à diferentes nervos e faz conexões o tempo todo, ele é especializado em aprendizagem, decodificação e codificação da informação. A sinapse é uma região especializada em troca de informações com outras células, como os músculos, glândulas e outros neurônios. A transmissão destas informações só acontece entre dentritos e axônio, mas nenhum neurônio tem contato com o outro, eles não se unem. A sinapse ocorre entre os neurônios, mas há um espaçamento entre ambos para a troca destas informações. Há os receptores e os condutores. Se cada neurônio é capaz de fazer pelo menos mil sinapses, imagine dez bilhões de neurônios! É surpreendente a quantidade de sinapses que acontece em nosso cérebro. Pare por alguns segundos de ler esta página e olhe ao seu redor, observe o que rodeia a si mesmo, faça um pequeno giro e perceba os sons e os objetos que o rodeiam. Pronto, mais sinapses foram feitas para que você pudesse se atentar a uma percepção visual e auditiva, talvez*

*até sentisse o cheiro de uma comida neste momento de sua leitura. Cada neurônio se comunica com muitos outros e para que aconteça as sinapses é necessário que haja uma ação elétrica entre os neurotransmissores que ficam entre as terminações do axônio ou nas ramificações dos dentritos.(...) Todas as partes de um neurônio são extremamente importantes para que esta transmissão seja eficiente, quando há alguma falha em qualquer parte teremos danos cerebrais, seja em menor ou maior intensidade.* (Aguilar, R. Neurociência aplicada à Educação. 2021, 3ª edição, p. 19 e 20)

O Sistema Nervoso recebe as informações do ambiente externo, que será processado de acordo com as experiências anteriores que já temos em nossa memória e produzirá novos comportamentos que nos faz adaptar.

Machado (2014), relata em sua obra que o estudo do desenvolvimento embrionário do sistema nervoso é fundamental para a compreensão do sistema nervoso do adulto. Destaco então a importância de compreender o desenvolvimento humano para a compreensão de como o cérebro aprende (aspectos que serão abordados nos capítulos seguintes).

O mesmo autor ainda aborda que "os seres vivos, mesmo os mais primitivos, devem continuamente se ajustar ao meio ambiente para sobreviver" E destaca três propriedades da célula, denominada pelo autor como protoplasma, na filogênese do sistema nervoso.

a. **Irritabilidade**: permite que a célula detecte as modificações do meio ambiente.
b. **Condutibilidade**: ao receber o estímulo a célula reage e dá origem a um impulso que é conduzido e determina uma resposta.
c. **Contrabilidade**: a resposta recebida caso seja nociva fará com que a célula se contraia.

Estes pontos analisados com outras espécies nos remete a uma comparação muito precisa com o sistema nervoso humano, pois na evolução do homem começam a surgir receptores bem mais complexos que nos faz perceber a importância de um ambiente saudável para a aprendizagem. Se a criança recebe estímulos positivos do ambiente, as informações recebidas serão assimiladas e processadas em respostas que estejam adequadas para seu neurodesenvolvimento.

Para o autor Machado (2014), todo os neurônios do sistema nervoso do homem, apesar de ter nomenclaturas diferentes de outras espécies, são classificados também em três partes:

a. Neurônio aferente (ou sensitivo): sua função é levar as informações do meio externo que são capazes de transformar estas informações em estímulos químicos ou físicos em impulsos nervosos.
b. Neurônio eferente (ou motor): sua função é conduzir o impulso nervoso a um músculo ou uma glândula.
c. Neurônios de associação: O número de neurônios de associação aumentou muito durante a evolução da espécie, chegando ao ápice da evolução do sistema nervoso, que é o cérebro do homem, com cerca de 86 bilhões de neurônios, sendo a estrutura mais complexa do universo biológico conhecido.

Como o cérebro é dividido em lobos é fundamental que apesar de as áreas estarem sempre conectadas, cada região tem uma função específica.

1. **Lobo Occipital:** conhecido por córtex visual, responsável pelo processamento das informações visuais como cor, movimento, profundidade, distância.
2. **Lobo Temporal:** responsável pela memória e percepção, permite a geração das lembranças, está mais relacionado a área auditiva, que permite o indivíduo reconhecer os sons e fazer associações.
3. **Lobo Parietal:** área responsável pelas sensações, principalmente, pelo tato: dor, calor, frio, reconhecimento de objetos através do tato...
4. **Lobo Frontal:** responsável pelas Funções Executivas, que trataremos mais adiante. Há alguns pesquisadores que incluem mais um lobo, denominado como INSULA, que é o lobo mais profundo do cérebro.

(Aguilar, R. Neurociência aplicada à Educação. 2021, 3ª edição, p. 23)

Uma imersão de informações nos rodeia e modifica o nosso comportamento, pensamento e interfere diretamente nas emoções e no modo como reagimos diante delas.

O impacto da era tecnológica e da velocidade de informações traz modificações também em várias áreas no funcionamento do cérebro.

A espécie humana não consegue ter movimentos tão precisos comparados às outras espécies, não somos os melhores corredores, nem nadamos com a destreza dos animais aquáticos, sonhar em voar sempre foi um desejo. Porém, o que nos diferencia é a capacidade de resolver problemas, de adaptar-nos às diferentes situações e a possibilidade de criar.

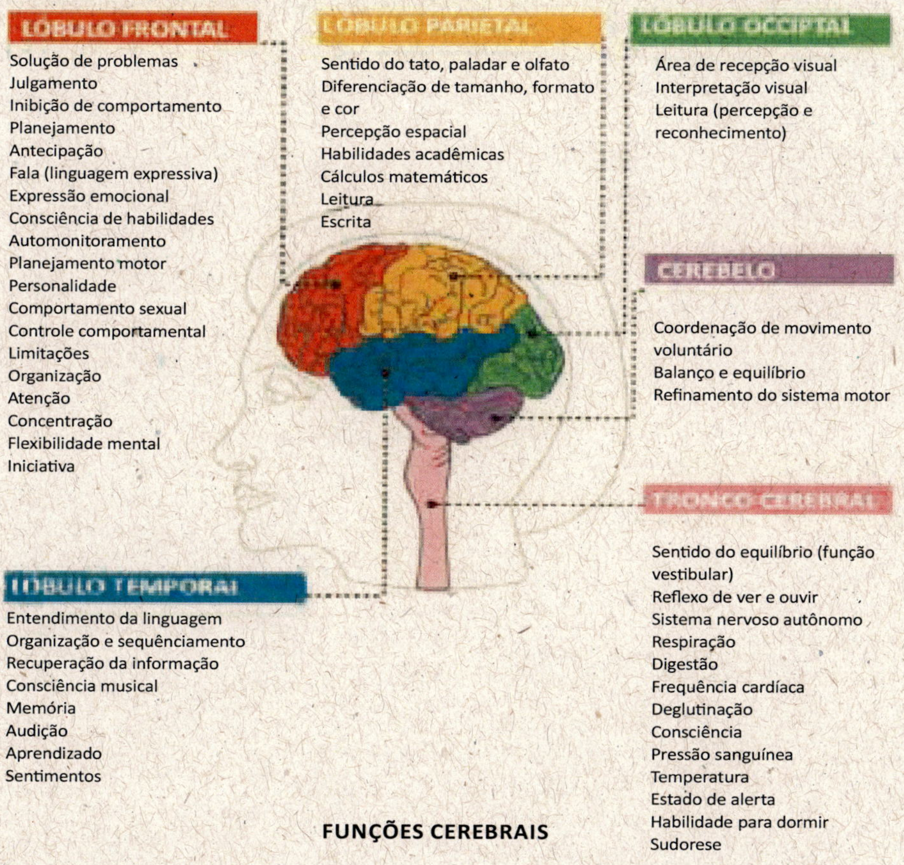


**FUNÇÕES CEREBRAIS**

(imagem retirada do livro *(Aguilar, R. Neurociência aplicada à Educação. 2021, 3ª edição, p. 86)*

# 5

# COGNIÇÃO AFINAL O QUE É INTELIGÊNCIA?

Há diversos questionamentos sobre o significado de inteligência e a mensuração dela, além de muitos estudos sobre este ponto. Acreditava-se que era dotado de muita inteligência, o aluno que tirada as notas mais altas na escola e que seu boletim era orgulho para as famílias.

Este consenso não é verdadeiro, pois sabemos que nem sempre o aluno que obtém boas notas será capaz de resolver problemas que surgem sem uma resposta precisa.

Aquela famosa frase que: " *As espécies que sobrevivem não são as mais fortes, nem as mais inteligentes, mas sim aquelas que se adaptam melhor às mudanças"*, de Leon C. Megginson, pode ser comparada ao conceito de inteligência.

A palavra *cognição* aparece muito em livros e acaba sendo confundida com o termo *inteligência*. Diante da perspectiva da Neurociências e das suas contribuições podemos definir ambos termos.

Fonseca (2021) traz em sua obra algumas diferenças entre cognição e inteligência, entre elas destaco o quadro onde o autor estabelece uma comparação.

| ***DIMENSÃO*** | ***INTELIGÊNCIA*** | ***COGNIÇÃO*** |
|---|---|---|
| Origem | Genética (inata) | Aprendida/ensinada |
| Caráter | Global/específica | Generalizável |
| Avaliação | Produto final QI (passado) | Processo/ potencial(futuro) |
| Composição | Atitudes intelectuais (verbais, espaciais) | Capacidades & motivação |
| Modificabilidade | Modesta (grande esforço) | Elevada-mediatização |
| Papel dos pais e dos professores | Genes, alimentação, segurança... | Mediatização ativa interação intencional |

Fonte: Vitor da Fonseca. A Educabilidade Cognitiva e Neuropsicopedagogia. Wak Editora. Rio de Janeiro. 2021, p. 21.

O autor considera a inteligência como *"uma faculdade mental mensurável fixa, inalterável, estável e com uma modificabilidade restrita e limitada (...), sendo que a cognição é socialmente mediatizada."*

Primi (*in* Santos, 2015), coloca os estudos psicométricos da inteligência através dos resultados em diversos testes cognitivos, como resultados altos ou baixos. " *Quando se deseja descobrir quais são as capacidades que compõem a inteligência, percorre-se o caminho inverso, ou seja, aplica-se uma bateria de testes cobrindo uma diversidade de capacidades intelectuais, emprega-se a análise fatorial para descobrir como os testes se agrupam e, por fim, analisam-se esses grupos com o intuito de compreender quais são as capacidades comuns envolvidas na resolução dos testes considerados. (...), chamados de fatores cognitivos."*

Para alguns especialistas a inteligência vai muito além das conexões cognitivas, podendo ser definida como a capacidade de resolver problemas e tomar decisões diante de um fato que não estava previsto.

Esta capacidade inclui: memória, velocidade de processamento, agilidade na tomada de decisão, conhecimento de áreas como leitura e escrita e raciocínio matemático, flexibilidade cognitiva, criatividade e habilidades psicossociais. Muitos pontos a serem abordados dentro do contexto fatorial Inteligência.

Dentre muitas capacidades e modelos de inteligência, o cientista norte-americano Howard Gardner, coloca que temos vários tipos de inteligência e elas se manifestam em múltiplas formas. Na perspectiva de Gardner, as inteligências múltiplas devem ser exploradas desde o nascimento, pois são elas que proporcionam o desenvolvimento de muitas habilidades. Ele destaca as seguintes inteligências:

1. **Linguística:** capacidade de expressar as palavras, discursar;
2. **Lógico-matemática:** capacidade no raciocínio lógico, de realizar cálculos abstratos;
3. **Musical:** habilidade em distinguir melodias, ritmos;
4. **Espacial:** capacidade de localização em referência a si mesmo, lugares e objetos;

5. **Cinestésica:** capacidade de expressar-se e controlar-se com o corpo, equilíbrio, flexibilidade...
6. **Naturalística:** capacidade e habilidades com seres da natureza, relação com animais, vegetais...
7. **Interpessoal:** capacidade e habilidades de se relacionar com o outro, capacidade de lidar com habilidades socioemocionais: empatia, solidariedade;
8. **Intrapessoal:** capacidade de conhecer a si mesmo de forma mais profunda.

Há também controvérsias de alguns especialistas sobre a questão da inteligência. Temos muitos exemplos de grandes gênios da arte, da música ou de altas habilidades em uma única área e possuem quociente intelectual tão baixo que não conseguem cuidar de si mesmo.

Podemos citar diversos exemplos como Kim Peek portador da *síndrome de Savant*, possuidor de uma excepcional *memória* fotográfica. Ele foi a inspiração para o personagem Raymond Babbit, interpretado por *Dustin Hoffman*, no filme *Rain Man*. Sua extraordinária capacidade de memorizar livros, como a Bíblia. Aos dois anos, já sabia ler e escrever e ao longo da vida memorizou 12 mil livros. Porém, necessitava de ajuda para se vestir, se alimentar...

Ainda estamos longe de compreender alguns fatos como esse e os segredos do sistema nervoso.

Segundo Kurzweil e Grossman (2019), no futuro haverá implantes neurais que fará com que o cérebro evoluirá para um híbrido de inteligência capaz de ampliar nosso raciocínio, acrescentando trilhões de novas conexões que operam milhões de vezes mais rápido do que as conexões biológicas. Teremos meios de comunicação de banda larga com a Internet e com outros indivíduos diretamente a partir do cérebro. Curioso não?

Atualmente, é usado o modelo da Teoria Cattell-Horn-Carroll, conhecido como modelo CHC. Este modelo traz uma união da Inteligência Cristalizada e da Inteligência Fluida que trabalham juntas. Esta junção é essencial para todos ao longo da vida.

***Inteligência Fluida***: é a capacidade de pensar e resolver problemas de forma abstrata e é independente da aprendizagem e dos conhecimentos que estavam armazenadas em nossa memória. Este tipo de inteligência é característico na fase inicial da vida e tende a desaparecer com o passar dos anos, devido a nossa experiência, acontece numa fase em que não temos ainda as experiências gravadas em nossa memória. O termo fluido vem da ideia que não tem uma forma específica. Picos acontece na inteligência e podem ter queda após os 30 anos, segundo algumas pesquisas.

***Inteligência Cristalizada***: envolve as aprendizagens que já estão armazenadas diante das experiências que vamos adquirindo ao longo da vida. Está também relacionada à leitura e a escrita e as habilidades matemáticas. À medida que vamos envelhecendo a inteligência cristalizada vai aumentando e tornando-se mais forte, transformando ainda o próprio conhecimento já adquirido anteriormente.

Por inúmeras vezes nos deparamos com a seguinte informação que a criança é "muito inteligente, mas não tem bons resultados na escola". Encontramos ainda informações em relatórios que o aluno é inteligente e apresenta-se disperso.

Contudo, definir inteligência é a capacidade de resolver problemas que não temos uma receita pronta. Em períodos de pandemia, causada pelo Covid-19, testamos a capacidade de adaptar-nos as situações que nunca imaginávamos estar inseridos. Criar diferentes situações para resolver problemas, faz com que nosso cérebro desenvolva novas conexões e fortaleça sinapses.

Alguns autores como Boaler (2018) abordam a questão da neuroplasticidade no âmbito de mudar as mentalidades como aprendemos. A autora relata dois tipos de mentalidades: fixa e a de crescimento.

Apesar da autora fazer a associação com o ensino da Matemática, estabeleço uma comparação com a inteligência e o como podemos mudar nossos pensamentos para a aprendizagem. Ter uma mentalidade fixa é não ser capaz de desafiar o novo, é desistir quando enfrentamos um problema no qual não temos a solução para o mesmo. Já ter uma mentalidade de crescimento, é a capacidade de buscar soluções, de desenvolver novas habilidade e de ter resiliência.

*Mentalidade fixa:*

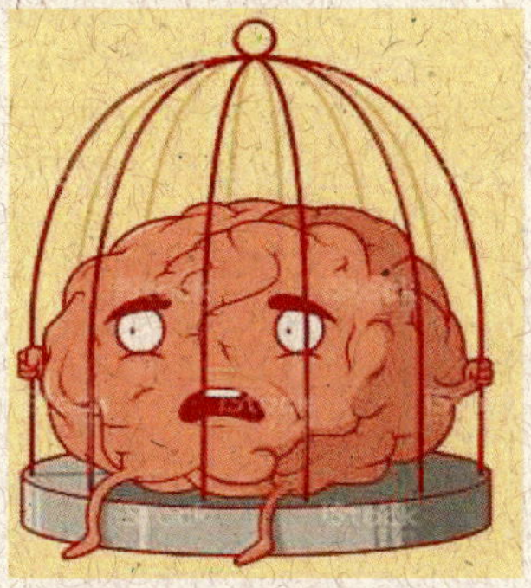

*Não sou capaz!*
*Tenho dificuldades!*

*Mentalidade de Crescimento:*

*Busca por novos desafios*

Cada vez que aprendemos algo novo, novas conexões se estabelecem, sinapses se fortalecem e nosso cérebro se reorganiza. Deixe seu cérebro voar, buscar novos horizontes e novos aprendizados. Transforme a cognição e a inteligência!

# 6

# DESENVOLVIMENTO INFANTIL

## 6.1. O UNIVERSO INFANTIL

Você já parou para pensar como pensava quando tinha aproximadamente 6 e 7 anos? Do que costumava brincar?

E hoje? Parou para comparar como age seu filho, seu aluno ou seu vizinho nesta mesma faixa etária.

Hoje, nossas crianças nasceram no mundo totalmente tecnológico, as pipas e bolas foram substituídas por jogos de videogames, aplicativos de última geração e inteligência artificial.

Voltar da escola e brincar com os amigos na rua, não é mais possível. Substituímos os encontros presenciais pelos virtuais, principalmente pós-pandemia devido ao Covid-19, vírus que paralisou escolas e contatos sociais. Pulamos uma etapa, ou melhor muitas etapas do desenvolvimento infantil, como vivências motoras, sensoriais e sociais estão sendo deixadas de lado.

As crianças deixaram de experimentar sensações e fazer descobertas do espaço, para receberem tudo muito pronto. Isto desencadeia diversos problemas futuros, não apenas cognitivo, mas também social e afetivo.

Temos vários grupos de crianças neste imenso país e uma desigualdade que foi ampliada com a suspensão das aulas presenciais em 2020/2021. Enquanto um grupo de crianças da rede privada tem acesso à inúmeras possibilidades culturais, tecnológicas e sociais, há, crianças sem nenhum acesso à diversidade cultural, o que acarreta prejuízos cognitivos.

Diversos especialistas já evidenciaram que a criança, que desde seu nascimento, é cercada de estímulos adequados terá mais oportunidades de êxito no futuro.

Antigamente, a criança tinha uma infância muito curta, logo ingressava no mercado de trabalho para ajudar na renda familiar, hoje percebemos que um grande número de jovens inicia sua carreira de trabalho tardiamente, enquanto os seus desejos e suas necessidades são supridas pela família. Dois pontos do mesmo parâmetro.

As crianças eram consideradas como uma "tábua rasa", uma folha em branco que era escrita após o nascimento de acordo com sua experiência e vivência ambiental. E, com estudos tanto na área da Psicologia quanto na Neurociência, desde o pré-natal, a criança recebe estímulos externos e internos que serão fundamentais para seu desenvolvimento após o nascimento.

Muitos especialistas estudam o comportamento humano há séculos, sempre com a preocupação de seu desenvolvimento e da compreensão da espécie como ser pensante.

A seguir destaco grandes contribuições no que se refere ao estudo do comportamento humano.

1. ***Sigmund Freud (1856-1939),*** abordava em seus estudos que o comportamento humano está intimamente ligado a satisfação de suas necessidades e impulsos desde o início da infância.

2. ***John Watson (1876-1990)*** enfatiza os processos de aprendizagem, colocando que a criança depende de estímulo para aprender, e que somente depois do nascer há aprendizagem do ambiente externo. Esta teoria logo é deixada de lado com os estudos hoje da Neurociência, sendo que a criança desde a sua formação no ventre materno já está em constante aprendizado.

3. ***Jean Piaget (1968-1980),*** traz grandes contribuições para a área da psicologia com as fases de desenvolvimento da infância. Ele procura explicar a evolução do homem desde o nascimento até a fase adulta. Estabelece alguns estágios.
    a. Período sensório-motor desde o nascimento até 2 anos. Piaget retrata em suas obras que esta fase é puramente reflexa, que garante sua sobrevivência.

Aguilar (2017), destaca em sua obra que Piaget aborda que, poucos minutos após o nascimento, o bebê é capaz de mostrar a conduta de sucção quando lhe estimulam a boca e que o reflexo em si é uma situação organizada e diferenciada que funciona como uma totalidade. Para Piaget, a aprendizagem e as características inatas somente surgem após o nascimento:

b. Período pré-operatório: que abrange de 2 a 7 anos. Neste estágio aparece a função simbólica, uma organização representativa dos fatos e das ações. A criança pode acreditar que a boneca está com frio e irá colocar a roupa no brinquedo.
c. Período das operações concretas (7 a 11anos). Nesta fase é possível perceber uma maior interação da criança com os outros, é um período que ocorre uma relação maior com o meio externo e a fase egocêntrica vai desaparecendo aos poucos. A criança já consegue pensar em objetos e situações que não estão presentes e percebe que precisa da validação/ aceitação do outro.
d. Período lógico-formal (inicia-se aos 12 anos) Conceitos abstratos surgem, hipóteses e compreender conceitos filosóficos.

4. **Lev. S. Vygostki (1896-1934)** traz uma teoria mais sócio-cultural e não tão inatista quanto Piaget. A relação do ambiente é que vai determinar o desenvolvimento humano. Vygostki aborda em suas obras a Zona de Desenvolvimento Proximal, que se refere a distância do indivíduo com o conhecimento que se pretende alcançar. Neste ponto é fundamental perceber em que fase a criança está e como estimular com estratégias adequadas para que se possam atingir o objetivo final. Por este motivo, o papel do educador, família e escola conheçam claramente estes objetivos para buscar o melhor caminho que facilite a aprendizagem.

5. **Henri Wallon (1879-1962**) se aprofundou no aspecto da afetividade. E considera tanto o aspecto ambiental quanto biológico

Aguilar e Damaceno (2020) colocam que

> *"os trabalhos e pesquisas de Wallon situam-se na psicologia genética (busca saber quais as origens dos processos psíquicos). Ele entendia que os processos psicológicos têm origem orgânica (biológica) que só podem ser bem compreendidos quando consideramos as maneiras pelas quais as influências socioambientais interagem com este processo. Wallon considerava que condições orgânicas e influências socioambientais, agiam diretamente ao desenvolvimento psíquico. O desenvolvimento do pensamento infantil, ocorre de forma descontinuada, ou seja, com crises e conflitos. Este processo de descontinuidade, segundo Wallon, representa o amadurecimento do sistema nervoso, que traz novas possibilidades para o exercício do pensamento e alterações no meio social que trazem situações novas e estímulos diferenciados, sendo assim é no conflito destas situações que surgem o pensamento e a inteligência."*

Diante das considerações de Wallon e partindo de todos os estudos posteriores em relação ao desenvolvimento da criança é necessário enxergar a criança como um ser único, considerar que cada uma aprende de uma forma, mas estar atento ao desenvolvimento esperado para cada faixa etária é primordial.

É muito comum, ouvirmos que a criança poderá se desenvolver a qualquer idade e que é preciso esperar seu ritmo natural. Isto em partes é inadequado, pois é fundamental que o profissional que está em contato com a criança e a família estejam atentos ao ritmo de desenvolvimento esperado, por exemplo a criança de três anos já tem que ter sua linguagem oral de forma que possa se comunicar com um adulto e interagir sendo compreendida pela sua fala. Caso isto não aconteça é sinal de alerta.

Uma criança não é um adulto em miniatura, seu percurso biológico, cognitivo e a afetivo estão em ritmo muito diferente. Então, estímulos demasiados e fora do percurso natural podem acarretar problemas futuros.

Percebam como a criança era vista ao longo do tempo:

- Antiguidade (Séc. VII a. C ao V d.C) o conceito de criança não existia. A escola era privilégio para poucos, pois era uma educação voltada para o trabalho

- Idade Média (Séc. V ao XV) a criança era vista como um mini adulto que só se diferenciava pela estrutura física. A família não era vista como uma instituição de afetividade e valores. A infância era reduzida e logo se a criança se transformava num jovem adulto. Até as vestimentas eram iguais ao do adulto. Nesta época a família era voltada para os aspectos religiosos e autoritarismo.

- Idade Moderna (Séc. XVII ao XVIII): a criança passa a ser vista como um ser social. Há mudanças nos trajes, havia alimentação específica para elas e passaram a valorizá-las. Em meados do século XVIII e XIX a família passa a ter uma importância com valores, afetos e cuidados entre seus membros.

- Idade Contemporânea: criança na era da tecnologia e da informação. Em 1990, surge o Estatuto da Criança e do Adolescente garantindo direitos importantes para esta criança. E, a partir deste momento, a criança passa a ser vista como realmente um ser que precisa de cuidados e estímulos garantindo tanto sua saúde física quanto mental

- E o futuro?

Esta é uma pergunta que nos cabe fazer e refletir. Uma super estimulação pode gerar uma mudança significativa nas crianças, mas a cautela neste momento é necessária e essencial.

Além dos fatores internos, um ambiente acolhedor, afetivo e que traz segurança para a criança favorece diversas habilidades e um desenvolvimento pleno da criança.

Moyles (2010) relata a importância do ambiente para o desenvolvimento infantil. Um ambiente favorável desencadeia a expansão de conexões sinápticas e a criação de uma rede vasta e densa de trajetórias de significado que permanecem viáveis e eficientes enquanto estiverem sendo usadas, mas podem se extinguir lentamente em circunstâncias adversas ou pela falta de uso.

Isto é de fundamental importância para as crianças pequenas. Crianças que estão vulneráveis à violência física ou verbal, podem tornar-se adultos inseguros, com baixa autoestima e dificuldades tanto de relacionamento quanto socialmente.

Siegel e Bryson (2015), relatam em sua obra que é preciso levar em consideração o papel central que o cérebro desempenha em todos os aspectos da vida de uma criança: disciplina, tomada de decisão, autoconhecimento, escola, relacionamentos, e assim por diante. Na verdade, o cérebro determina quem somos e o que fazemos, é moldado pelas experiências.

Diante desse pressuposto, o desenvolvimento infantil desde o seu nascimento até aproximadamente 6 anos, idade em que a criança passa boa parte de sua infância dentro do ambiente escolar, os estímulos adequados trarão benefícios em tanto nas áreas físicas quanto emocionais.

Há um novo panorama sobre a modificação de pesquisas sobre a aprendizagem das crianças, há provas inteiramente novas sobre o desenvolvimento do cérebro do bebê e durante os primeiros anos, pesquisas que mostram o impacto das experiências iniciais que nas disposições e atitudes que serão levadas para o restante da vida. (Brooker *in* Moyles, 2010).

Segundo Riechi, Valiati e Antoniuk (2019), bebês prematuros são expostos aos fatores de risco tanto biológicos quanto psicossociais, apresentam maior vulnerabilidade a doenças infecciosas, alérgicas e respiratórias, dificuldades escolares. Mesmo para bebês nascidos entre 34 a 36 semanas gestacionais não estão isentos a riscos. Várias revisões bibliográficas demonstram que as crianças prematuras moderadas ou tardias apresentam maior incidência de problemas cognitivos, comportamentais, baixo rendimento acadêmicos e transtornos psiquiátricos.

Anauate e Glozman (2017) menciona a elevação de nível de cortisol em bebês de mães deprimidas, o que causa redução da densidade sináptica e da serotonina. Ainda ressalta que estes bebês, por meio de exames de eletroencefalograma apresentam maior ativação do lobo frontal direito mais do que o esquerdo associando as emoções que refletem privação afetiva.

Há estudos que mães expostas à altos níveis de estresse têm maior chance de ter bebês com TDAH ou até mesmo dificuldades de concentração.

Piaget dedicou-se boa parte de seus trabalhos analisando o comportamento da criança por meio de uma série de instrumentos para compreender a inteligência humana, com situações experimentais concretas e abstratas.

Na Educação Infantil, é sabido que a utilização de materiais concretos e lúdicos é de suma importância para o desenvolvimento de muitas habilidades.

Para Piaget, toda a inteligência passa por duas funções: a assimilação, que se refere a informação e aprendizado novo e a acomodação, que é a transformação que a experiência e a vivência teve que se modificar para incorporar a assimilação (López, 1993).

Já Vygotski tem fundamental importância na interação social do humano e que a mente e o comportamento da criança recebe influências do meio e da interação com o outro.

Refletir e comparar nessa dimensão, a Educação Infantil exerce forte influência no desenvolvimento humano e nas habilidades.

Reforça-se a importância de conhecer o funcionamento do cérebro, tanto para a formação do neuropsicopedagogo quanto do pedagogo.

Riechi, Valiati e Antoniuk (2019), reforçam que a formação do Sistema Nervoso Central e o desenvolvimento é uma transformação complexa, dinâmica e progressiva. O ser humano necessita de crescimento e desenvolvimento saudáveis para que possa ter uma vida de condições favoráveis, tanto como bem-estar físico, emocional e social se fazem necessários.

Zabala (2010), aborda que a capacidade de uma pessoa para se relacionar depende das experiências que vive, e as instituições educacionais são um dos lugares preferenciais para se estabelecer vínculos e relações que condicionam e definem as próprias concepções pessoais sobre si mesmo e sobre os demais.

A instituição escolar, os estímulos e a interação entre os pares e os adultos exercem influência direta na aprendizagem da criança e no seu futuro.

O neurocientista Mlodinow (2013), fala sobre o inconsciente e os estudos sobre como a experiência humana influencia tanto no consciente quanto no cérebro inconsciente. E que a forma como as pessoas agem depende do significado que é dado a experiência, a capacidade de fazer julgamentos rápidos e tomar decisões das ações.

Assim, é sabido que as pessoas não aprendem da mesma forma, mas sim levando em conta os aspectos pessoais, emocionais, cognitivos e adaptativos. E para que as pessoas possam desenvolver todo o seu potencial é necessário ter experiências adequadas tanto somestésicas como sensoriais e motoras, além da interação com o outro (Cornel it al *in* Riechi, Valiati e Antoniuk, 2019, p. 239)

Cornel it al (*in* Riechi, Valiati e Antoniuk, 2019), os autores ainda fazem menção a importância da dessas experiências como base do desenvolvimento do raciocínio e das relações afetivas.

Dweck (2017), relata a importância de valorizar as crianças, mas que deve-se evitar elogios que julgam a inteligência ou o talento. E, sim elogiar o processo que leva o crescimento, o que as crianças conseguem por meio de estudos, persistência e boas estratégias.

Estudos recentes apresentados pela Neurociência para a Educação sugere-se o estudo de implicações de habilidades socioemocionais no desenvolvimento de competências educacionais. E que o ato de aprender não envolve apenas as capacidades relacionadas à velocidade de raciocínio, atenção e memória, mas exige a capacidade de controlar a ansiedade e outras emoções. (Rabelo e Ramos, *in* Dias e Mecca, 2015)

> "As relações das emoções com as aprendizagens escolares são muito íntimas, daí a necessidade de explorar algumas das suas implicações recíprocas" (Fonseca, 2016)

Fonseca (2016) coloca que para que a aprendizagem ocorra, visto a importância que tem a emoção na cognição, é fundamental que junto com a elaboração de situações, desafios e atividades de aprendizagem haja um clima de segurança, de cuidado e de conforto, algo que distingue a cognição social nos humanos, exatamente porque se operou, ao longo da evolução, uma grande expansão cerebral nas regiões temporais e frontais responsáveis pela percepção social e pela comunicação. (p.368)

Pereira (2020), faz menção à Andrade, C. S. G. Santos & Vasconcelos, (2012), sobre a importância de conseguir identificar emoções básicas tanto em si quanto nos outros, pois elas são consideradas essenciais para as relações humanas visto que, a maneira que cada um lida com suas emoções, pode vir a interferir no relacionamento com o outro.

Colagrossi, Raggio e Vassimon (2017) relatam a importância de desenvolver e saber lidar com ferramentas que minimizem esse impacto negativo nas futuras gerações, tendo em vista este altíssimo número de crianças vivendo em vulnerabilidade.

Sendo assim, as habilidades e competências socioemocionais podem ser ensinadas e aprendidas, pois são um dos fatores de proteção para o desenvolvimento do individuo.(Colagrossi, Raggio e Vassimon, 2017)

> "Habilidades socioemocionais referem-se a um conjunto de competências que permitem reconhecer e lidar com emoções, definir e perseguir metas, engajar-se em trabalho colaborativo, estabelecer e manter relações positivas, tomar decisões de forma responsável e lidar com situações interpessoais de forma apropriada." (Almeida, Pereira, Prust, Zauza, Grace, Batista, Santos, Seabra, Gotuzo, & Dias, Martins. 2018).

## 6.2. Educação Infantil

Apesar de centros integrados para as crianças já existirem antes de 1997, foi apenas a partir desta data que surge o programa National Early Excellence Centre, no Reino Unido, que transformou esses centros em prioridade nacional. Essas mudanças aconteceram também aqui no Brasil. (Brooker, *in* Moyles 2010)

Paschoal (2012) fez um breve histórico sobre o surgimento da Educação Infantil e que, a partir da segunda metade do século XIX, o quadro das instituições destinadas à primeira infância era formado basicamente da creche e do jardim de infância ao lado de instituições educacionais, que foram absorvidas como modelos em diferentes países.

No Brasil, por exemplo, a creche foi criada exclusivamente com caráter assistencialista, o que diferenciou essa instituição das demais criadas nos países europeus e norte-americanos, que tinham nos seus objetivos o caráter pedagógico. (Paschoal, 2012)

Diante dessa definição é possível verificar que a função de creche inicia-se juntamente com o fato das mulheres iniciarem o trabalho no início do século XX, com a chegada das fábricas no Brasil e não tinham um lugar para deixar os filhos. Este fato deve-se às mudanças na Consolidação das Leis de Trabalho (CLT), ocorridas em 1967, estabeleceram que as empresas deveriam organizar berçários para o atendimento aos filhos das trabalhadoras.

A nova Lei de Diretrizes e Bases da Educação Nacional formulada em 1971 Lei n° 5.692/71 apresentou uma nova visão para a Educação Infantil no Brasil: "Os sistemas velarão para que as crianças de idade inferior a 7 anos recebam educação em escolas maternais, jardins de infância ou instituições equivalentes".(art.19,§2º)

Atualmente, segundo informações do Ministério da Educação do Brasil:

> "são 6.322 creches e pré-escolas concluídas ou em obras em todo o Brasil, número que corresponde a 72% das 8.787 pactuadas pelo Ministério da Educação desde a criação do Programa Nacional de Reestruturação e Aquisição de Equipamentos da Rede Escolar Pública de Educação Infantil (Proinfância), em 2007. (http://portal.mec.gov.br/ultimas-noticias/207-1625150495/21109-construcao-de-creches-e-pre-escolas-ja-atinge-72-do-total-pactuado-desde-a-criacao-do-proinfancia - Acesso em 28/12/2021)

Ainda neste documento é possível encontrar um trecho da Lei nº 12.796/2013 que altera a LDBEN nº 9394/96 – a Educação Infantil passa a ser obrigatória para as crianças de 4 e 5 anos apenas com a Emenda Constitucional nº 59/2009, que determina a obrigatoriedade da Educação Básica dos 4 aos 17 anos. Essa extensão é incluída na LDBEN em 2013, consagrando plenamente a obrigatoriedade de matrícula de todas as crianças de 4 e 5 anos em Instituições de Educação Infantil;

A Educação Infantil, no Brasil, compreende a escolarização das crianças de 0 a 5 anos e 11 meses, que se subdividem especificamente em cada faixa etária. Cada escola e instituição utiliza uma nomenclatura diferente para cada uma. Há escolas que nomeiam como Maternal, Jardim I e Jardim II, outras por níveis/módulo I, II ou III. Isto é indiferente, porém o que cabe refletir é o que compete como habilidades e objetivos a serem desenvolvidos em cada faixa etária.

Segundo a Base Nacional Comum Curricular, BNCC (2017), "na Educação Infantil, as aprendizagens essenciais compreendem tanto comportamentos, habilidades e conhecimentos quanto vivências que promovem aprendizagem e desenvolvimento nos diversos campos de experiências, sempre tomando as interações e a brincadeira como eixos estruturantes."

**Figura 2- Marcos legais e históricos da Educação Infantil.**

(Parâmetros Nacionais de Qualidade da Educação Infantil, 2018 – MEC- http://portal.mec.gov.br/index.php?option=com_docman&view=download&alias=141451--public-mec-web-isbn-2019-003&category_slug=2020&Itemid=30192 Acesso em 27/12/2021 )

Depois da homologação da BNCC, passa a ser obrigatória no Brasil, a Educação Infantil se divide em grupos de acordo com a faixa etária em dois grupos:

a. Creche: crianças de 0 a 3 anos e 11 meses

b. Pré-escola: crianças de 4 a 5 anos e 11 meses

Guimarães cita em sua publicação que Kuhlmann (2017) considera o ano de 1899 como o do surgimento de creches, que passaram a ocupar o cenário da assistência à Infância Brasileira, enquanto os Jardins de Infância eram considerados educativos, tornando-se a principal modalidade de atendimento aos pobres. Para o mesmo autor, a creche para as crianças de zero a três anos, foi vista como muito mais do que um aperfeiçoamento das Casas de Expostos, que recebiam as crianças abandonadas; pelo contrário, foi apresentada em substituição ou oposição a estas, para que as mães não abandonassem suas crianças.

Engel de Abreu et al (2015) realizaram uma pesquisa para verificar a relação entre o nível socioeconômico e a cognição, independente do estado de saúde geral da criança. A pesquisa foi feita com 355 crianças, com idade média de 7 anos, excluindo fatores internos que poderiam interferir na pesquisa, como síndromes, transtornos ou fatores gestacionais, lesões, dentre outros. Nesta pesquisa, os resultados demonstram que crianças brasileiras crescendo em situação de pobreza têm as funções executivas e as habilidades de linguagem muito menos desenvolvidas quando comparadas a crianças vivendo em realidades economicamente mais favorecidas. Os resultados indicam também que os diferentes tipos de escolas frequentadas por crianças de menor e maior nível socioeconômico podem afetar o potencial de aprendizagem.

Ainda no Brasil, as classes economicamente menos favorecidas colocam seus filhos nas creches enquanto as escolas particulares de Educação Infantil tentam manter seus alunos por meio de um ensino de mais qualidade comparado à escola pública ou às creches.

A Educação Infantil não era reconhecida no Brasil como obrigatória, na década de 70 e 80. Nessa época, as crianças ingressavam na escola apenas no ensino fundamental. Com a regulamentação da

Educação Infantil, a BNCC traz referências importantes em relação aos conteúdos programáticos, os direitos das crianças e os campos de experiências, desenvolvendo aulas que contemplem todas as áreas do conhecimento.

Apenas depois da homologação da BNCC é que se falou de competências socioemocionais, até então não havia nenhum documento que tratava dessa obrigatoriedade.

Um documento muito importante que antecedeu a BNCC, foi o Referencial Curricular Nacional para a Educação Infantil (RCNEI), homologado em 1998. Neste documento, passa-se a ter um olhar para as crianças pequenas com o objetivo educacional, considerando-se as especificidades afetivas, emocionais, sociais e cognitivas das crianças de zero a seis anos e a qualidade das experiências que são propiciadas a elas. Além de estabelecer um perfil específico para o professor que atua com esta faixa etária.

No RCNEI, é abordado alguns princípios como:

- o respeito à dignidade e aos direitos das crianças, consideradas nas suas diferenças individuais, sociais, econômicas, culturais, étnicas, religiosas etc.;
- o direito das crianças a brincar, como forma particular de expressão, pensamento, interação e comunicação infantil;
- o acesso das crianças aos bens socioculturais disponíveis, ampliando o desenvolvimento das capacidades relativas à expressão, à comunicação, à interação social, ao pensamento, à ética e à estética;
- a socialização das crianças por meio de sua participação e inserção nas mais diversificadas práticas sociais, sem discriminação de espécie alguma;
- o atendimento aos cuidados essenciais associados à sobrevivência e ao desenvolvimento de sua identidade.

(RCNEI, volume 01, 1998, MEC)

Começa-se a ter um documento que pensa na criança não apenas no lado cognitivo, mas sim como um ser integral e o papel do afeto na relação pedagógica.

Um objetivo que destaca-se no RCNEI, 1998 e que trata da afetividade é: “estabelecer vínculos afetivos e de troca com adultos e crianças, fortalecendo sua autoestima e ampliando gradativamente suas possibilidades de comunicação e interação social” (RCNEI, volume 01, 1998, p.63)

Estabelecendo um comparativo com a BNCC, é possível perceber que houve um avanço no que se refere ao desenvolvimento das habilidades socioemocionais. Neste documento, a criança de Educação Infantil deve ter seus direitos de aprendizagem e desenvolvimento inseridos dentro do ambiente escolar que são nomeados como direitos à conviver, brincar, participar, explorar, conhecer-se e expressar-se.

Partindo desses direitos, a BNCC, traz as dez competências socioemocionais que devem ser desenvolvidas também na escola: conhecimento, pensamento crítico, científico e criativo, repertório cultural, comunicação, cultura digital, trabalho e projeto de vida, argumentação, autoconhecimento e autocuidado, empatia e cooperação, responsabilidade e cidadania.

Goleman (2015), fala da importância de desenvolver habilidades emocionais nas crianças e que a escola deveria aprimorar seu tempo ajudando-as a identificar suas aptidões e dons naturais, e a cultivá-los. Inclusive em sua obra faz menção sobre a importância de desenvolver inteligência emocional. O autor faz menção ao psicólogo Salovey, que demonstra uma definição para a inteligência emocional por meio de domínios:

- Autoconsciência
- Lidar com as emoções
- Motivar-se
- Reconhecer emoções nos outros
- Lidar com relacionamentos

Conhecer o que é esperado para cada faixa etária é requisito básico para o profissional que atua diretamente com as crianças e adolescentes. Há muitos neurocientistas que colocam uma classificação denominada de Marcos de Desenvolvimento Infantil. É muito claro que cada criança é única e que pode ter mudanças no que é esperado, porém é fato que a criança deve apresentar alguns pontos para seu desenvolvimento físico, biológico, cognitivo, social e afetivo.

Um bebê por volta de 8 meses é capaz de expressar suas emoções diante da reação do adulto. E aos 2 anos, a criança já consegue expressar por meio da linguagem o que sente.

Aos 7 anos, aparece a emoção de não ferir o outro com comentários inadequados, por exemplo. Você pode estar com uma roupa feia, e a criança para não magoá-la irá dizer que está linda.

Estes foram alguns exemplos, para que possamos perceber que as emoções vão sendo desenvolvidas no decorrer da maturação cerebral e da interação social.

# 7

# AS FASES DO DESENVOLVIMENTO INFANTIL E DA FORMAÇÃO DA PERSONALIDADE

O estudo das fases do desenvolvimento infantil é muito amplo, desde a concepção do feto há sempre uma busca constante de informação como a criança se desenvolve, quando começa a falar, andar e também uma expectativa, por parte da família se a criança está com seu desenvolvimento normal em relação às outras crianças.

Estabelece-se, muitas vezes, uma comparação entre os filhos, primos, vizinhos e outras crianças da mesma faixa etária.

Nesta perspectiva é preciso analisar as crianças por diferentes pontos de vista para que possa receber estímulos de forma adequada e equilibrada. O que será descrito nos próximos capítulos faz parte de alguns estudos sobre o desenvolvimento infantil. Cabe aqui uma ressalva, que é preciso respeitar o ritmo de cada criança, mas sempre com um olhar nos marcos de desenvolvimento infantil e adequar os estímulos na medida certa.

A atuação do neuropsicopedagogo deve estar pautada em estudos sobre os marcos de desenvolvimento infantil, verificar e perceber quando a criança está dentro do esperado para cada faixa etária.

Muitas vezes, a escola é a principal detectora em apontar alguma dificuldade acadêmica ou comportamental. Por este motivo, o olhar da equipe escolar contribui muito para a anamnese e acompanhamento neuropsicopedagógico.

## 7.1 Desenvolvimento pré-natal até 1 ano

### *7.1.1. Físico e Biológico*

Da concepção do feto até um ano de idade, a criança tem mudanças muito significativas comparadas com outras espécies. Compare o período de gestação do homem de aproximadamente 9 meses com outros animais, um elefante, por exemplo tem sua gestação de aproximadamente 18/20 meses. Você pode se perguntar e em relação ao desenvolvimento neurológico?

Um elefante ao nascer já sai andando e requer poucos cuidados da mãe, consegue andar, se alimentar sozinho e interagir em poucas horas.

Já o homem é a única espécie que precisa do cuidado da mãe durante muito tempo após seu nascimento. Mas este fator não o impede que se socialize desde o primeiro mês de vida.

As sensações da mãe já são sentidas pelo feto, a comunicação com a mãe se dá a partir da 28º semana e o feto já percebe os movimentos da mãe. Não se pode desconsiderar que o feto responde a sinais bioquímicos da mãe muito antes deste período, principalmente nos três primeiros meses.

Gerhardt (2017), coloca que quando a mãe está muito estressada, com altos níveis de ansiedade ou depressão, por sua vez, tem maior probabilidade de ter um bebê que encontra dificuldades para lidar com o estresse e novos estímulos.

Há dados ainda que durante a gestação a mãe que passa por problemas emocionais, estresse, um período de luto, tende a ter filhos com maiores probabilidades de desenvolver déficit de atenção e hiperatividade.

O excesso de cortisol liberado durante situações estressantes atinge diretamento o feto, o que pode desencadear problemas futuros tanto cognitivo quanto comportamental.

Além de todos os cuidados que a mãe deve ter no período de gestação, é fundamental compreender que há períodos delicados para a formação do cérebro do bebê.

A partir da 4ª semana de gestação, o feto começa a formar o sistema nervoso e já na 7º semana ocorre a produção de neurônios, mesmo com um embrião de um centímetro. Percebam a importância da gestação para o desenvolvimento do feto, pois já na metade, o sistema nervoso começa a funcionar e se desenvolver.

No segundo trimestre o crescimento do encéfalo é mais significativo do que o corporal e os neurônios começam a se organizar.

No cérebro temos uma área muito importante que é a amígdala, sendo formada aproximadamente na 15º semana de gestação e, que se a mãe tiver uma exposição ao cortisol, a amígdala poderá desenvolver conexões extras, ocorrendo aumento de aproximadamente 6% em seu volume.

Essa estrutura está ligada diretamente ao hipocampo, região responsável pelas emoções e pela memória. Inclusive aumentando a chance de problemas comportamentais e emocionais principalmente na adolescência. A seguir, é possível acompanhar o crescimento do encéfalo:

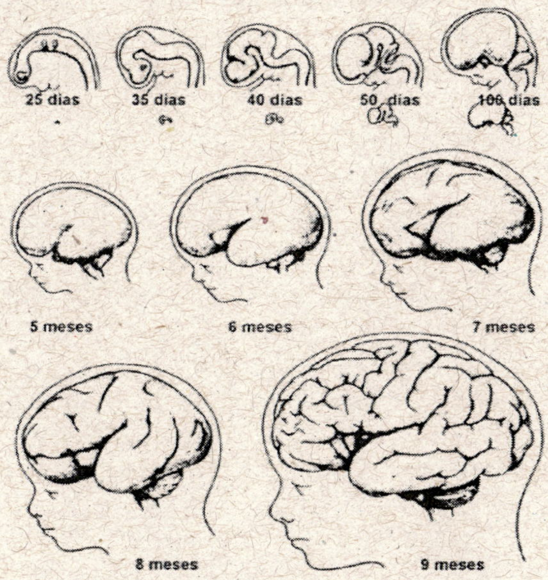


Figura 5 – Desenvolvimento encefálico no feto
Fonte: Cowan, 1979.

*Desenvolvimento encefálico no feto. Fonte: Cowan, 1979*

Após o nascimento, o campo visual e todos os aspectos sensoriais passam a ter mais contato com o ambiente e são estimulados, tanto que aos 2 meses a criança já sorri em resposta ao social e começa a reconhecer pessoas.

Aos 8 meses, o bebê interage e faz imitações, é capaz de buscar objetos de seu interesse quando escondido um brinquedo, faz a busca.

Vygotsky, entende que o contato com o ambiente e a interação faz com que ocorra novas formações cognitivas e sociais. Bebês que são estimulados, que a família conversa e interage tem uma capacidade cognitiva maior do que os bebês que não são expostos ao convívio social.

Logo o bebê passa dos movimentos reflexos e começa a controlar primeiro os braços ao tentar pegar um objeto próximo a ela, por exemplo, o móbile do berço, depois passa a consegue controlar suas pernas. Este autocontrole está relacionado diretamente com a evolução do controle postural e, posteriormente ao equilíbrio para dar início a marcha.

Por volta de um ano, há uma maturação importante no cérebro que está associado à linguagem oral, aos sons e a nomeação de objetos, a criança é capaz de apontar e emitir sons quando quer água, por exemplo.

Existem pontos importantes que devem ser observados desde o nascimento até 1 ano, como:

1. Reflexo de Moro: acontece quando o bebê é surpreendido por um barulho ou movimento inesperado. Ele desaparece por volta de 2/3 meses.

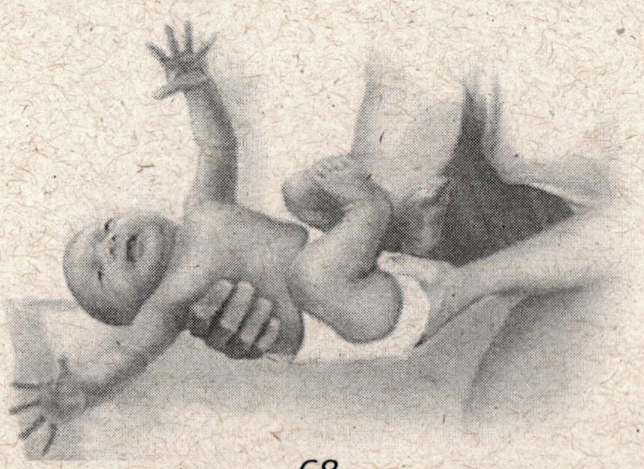

2. Acompanhar os sons e os objetos.
3. Reflexo da marcha. Ao colocar o bebê recém-nascido em posição vertical, ele fará o movimento de andar. É normal até por volta dos 5/6 meses.
4. Comunicação e interação social.
5. Reflexo de busca: quando os lábios são tocados, o bebê procura pelo dedo da mãe e, em seguida, faz o movimento de sucção que surge já na gestação e está ligado à sobrevivência. Por volta dos 4 meses este reflexo desaparece.
6. Movimento de preensão: se a mão do bebê for acariciada automaticamente a mão se fecha. Este reflexo tende a desaparecer por volta dos 5 meses.
7. Controle postural, sentar e engatinhar, domínio do pescoço.
8. Reflexo de Babinski. Este reflexo é normal até por volta dos 2 anos. É uma extensão do braço e perna de um lado e uma flexão dos opostos.

### 7.1.2. Social e cognitivo

A criança, por meio da interação com o adulto, começa a desenvolver a linguagem oral. Como os canais auditivos e visuais estão sendo cada vez mais aperfeiçoados, o bebê passa a procurar objetos escondidos e ir em busca de sons. Se você esconder um chocalho embaixo de um tecido, ele já é capaz de levantar o tecido para pegar o chocalho.

O processo de imitação de sons, balbucios, palavras e movimentos são tão importantes e fundamentais para o desenvolvimento cognitivo e a construção de memórias.

Ao iniciar o movimento do engatinhar, a criança já é capaz de se locomover até o objeto desejado.

Para um desenvolvimento intelectual é fundamental o papel do adulto, principalmente a figura materna ou o cuidador. Ela não se adapta sozinha ao meio ambiente. Esta relação de interação favorece a construção de memórias tanto sensoriais, motoras, afetivas e cognitivas. Desta forma, quando as necessidades básicas da criança são supridas, ela desenvolve o senso de segurança e autoestima.

Crianças que não têm suas necessidades atendidas podem ter comportamentos agressivos no futuro, pais que não demonstram expressões de alegria podem gerar problemas de linguagem.

Outro ponto importante é a capacidade da criança reconhecer a expressão facial do adulto, a alegria de ver a mãe, a imitação e o estímulo dos sons serão bases para a linguagem e a comunicação. Esse bebê já é capaz de emitir sons por vontade própria a partir dos seis meses.

Percebam que o bebê a partir de 5 meses já chora com pessoas estranhas e o apego favorece o vínculo afetivo.

O apego seguro, transmite ao bebê condições de perceber o ambiente em que está e que sempre terá um cuidador para suprir suas necessidades, ampará-lo e transmitir segurança.

Um bebê que é exposto a cuidadores negligentes registra emoções de abandono, o que leva, no futuro, probabilidade de desenvolver transtornos de ansiedade, autoestima baixa e até depressão.

Diante de um ambiente acolhedor e de cuidadores que estão sempre atentos às necessidades do bebê, o brincar torna-se ponto de partida para estabelecer vínculo.

Brincar com os bebês desenvolve percepções motoras, visuais, auditivas e neurológicas, por este motivo é fundamental que os pais não privem a criança de estímulos sensoriais, o fato da criança ser colocada em andadores ou ser impedida de ter contato com o chão haverá prejuízos inclusive no processo de aprendizagem motora, emocional e até mesmo na escola.

Até o primeiro ano de vida três pontos são fundamentais: o início do andar, a fala e as vontades. A criança já é capaz de ficar irritada quando sua vontade não é feita e isto pode ser confundida com birras ou mimo em excesso, portanto o equilíbrio entre estímulo e afeto são pontos que devem ter olhar especial em quem lida diretamente com esta faixa etária.

## Sinais de alerta

1. Recém-nascido: não reage a movimentos, não move a cabeça e não emite sons.
2. Três meses: não tem interesse social, não responde ao sorriso social, apático ou muita irritabilidade, não emite sons.
3. Seis meses: não se interessa por objetos, não se sustenta sentado, relação pequena com a mãe, não segura objetos.
4. Nove meses: não imita sons, mãos fechadas, não tem forma de pinça.
5. Um ano: Não procura o objeto, não fica em pé, não responde ao nome, vocabulário inferior a três palavras.

Um bebê, gosta de estímulos e do contato com o outro, pois passa a observar e repetir ações que serão construídas e armazenadas em sua memória.

De acordo com Aguilar (2017), quando escondemos um objeto e a criança não consegue identificar onde ele se encontra, percebe-se que só consegue falar do objeto na sua presença.

O educador Celso Antunes (1999), baseado nas fundamentações do psicólogo Howard Gardner, propõe algumas "dicas" de como estimular a criança nesta fase.

- Estar atento aos sinais, responder ao choro ou às solicitações de ajuda do bebê.
- Os bebês necessitam de objetos interessantes ao seu redor, com cores e formas estimulantes e um móbile pendurado sobre o berço desafia sua curiosidade.
- Conversar com o bebê usando palavras curtas e sentenças simples, fazer perguntas e permitir que o bebê responda e repita através de seus balbucios.
- Ler para o bebê, com calma, usando muitas expressões, mesmo que ele não entenda as histórias.
- Colocar uma música e estimular os movimentos do corpo, dançando com o bebê.

- Ensinar o bebê a explorar o mundo, eles precisam de espaço e oportunidade para engatinhar e desenvolver noção de independência. Não deixar ao alcance do bebê objetos que quebrem, que podem ser derrubados e engolidos.

Além destas dicas propostas, acrescento algumas que julgo serem essenciais para os educadores que trabalham com esta faixa etária.

- Explicar ao bebê os locais onde os pais estão e onde a criança se encontra.
- Conversar sobre a temperatura do ambiente enquanto troca a roupa ou fralda;
- Fazer sons diversos imitando animais, barulhos ou repetindo movimentos com os braços ou pernas da criança;
- O toque favorece um estreitamento do vínculo entre o cuidador e a criança e transmite segurança. Crianças pequenas precisam sentir-se seguras.
- Nunca elevar tom de voz que transmita desaprovação por algo feito pela criança. Se ela se acostuma com gritos e voz ríspida só responderá aos estímulos na mesma circunstância.
- Conversar com o bebê sempre com tom de voz tranquilo e baixo.
- Não repetir palavras erradas como reforçador de algo bom. Por exemplo, a criança pede mamadeira e diz: *mamaeia*, os pais repetem esta palavra como algo positivo.
- Falar com a criança de forma correta. Assim, a criança reforça sempre os aspectos positivos e as memórias se consolidam.

## 7.2. Desenvolvimento 1 a 3 anos

As diferenças físicas e biológicas a partir de um ano são bem nítidas. A criança é capaz de subir e descer escadas com apoio e com maior destreza, já consegue ter autonomia em sua comunicação e elabora estratégias para conseguir seus objetivos.

Já tem preferências por brinquedos e também por determinadas pessoas da família, o vínculo torna-se mais efetivo.

Nessa faixa etária, a criança passa por diversas mudanças em seu desenvolvimento nos aspectos físico, motor e biológico, como:

- áreas motoras mais desenvolvidas
- ações relacionadas à linguagem. Vê o gato e fala miau, por exemplo.
- sua estatura aumenta significativamente
- aos dois anos já chega a metade da estatura quando adulto, inclusive o tamanho do cérebro atinge 75% de seu volume total.
- consegue ter maior destreza ao andar, correr e se locomover.
- coordenação motora grossa mais desenvolvida, consegue andar de triciclo e pedalar.
- come sozinha e é capaz de segurar o talher.
- segura um lápis de forma irregular, mas consegue escrever no papel.
- começa a fazer garatujas para representar imagens.

## Aos dois anos, aproximadamente:

- Usa frequentemente a palavra não.
- Atende pelo próprio nome e identifica membros da família.
- A linguagem tem relação com os objetos em si.
- Começa a construir frases curtas e simples.
- Descreve objetos em termos de suas funções.
- É capaz de segurar o lápis com firmeza, porém não tem lateralidade definida. Segura com ambas as mãos sem utilizar a posição correta de pinça.
- Consegue locomover-se com destreza, andar e correr tornam-se mais seguro.

- Sobe escadas lentamente e, algumas vezes, necessita de apoio para subir e descer (corrimão, segurar na mão de alguém...)
- Apresenta noção de quantidade pequenas.
- Apresenta noção de lateralidade e percepção espacial, como em cima, embaixo, dentro e fora.
- É capaz de copiar um círculo ou um X.
- Consegue comer sozinha e derrama pouco o alimento.
- Abre e fecha portas com destreza.
- Consegue abrir e fechar potes e colocar tampas em panelas.
- Empilha blocos de 6 cubos.
- Surge a função simbólica e a linguagem através da imitação. Vê um cachorro e fala "au-au", apontando.
- Bate palmas.
- Surge com maior intensidade a linguagem verbal e diminui os gestos para representar a função social dos objetos. Neste momento, é importante que o adulto não "responda" aos gestos da criança, pois pode prejudicar o desenvolvimento da linguagem.
- Relaciona palavras aos objetos, pessoas ou imagens.
- Diminui o choro e já consegue interagir com o adulto quando quer algo.
- Se apegam a um brinquedo.
- Sentem-se orgulhosas quando são elogiadas.
- Pode surgir birras e ataques de raiva.

## Aos três anos:

- É muito curiosa. Tenta descobrir para que serve determinados objetos.
- Entra na fase dos "porquês".
- Sabe sua idade e tem relação à pequenas quantidades.
- Não consegue discernir realidade e fantasia.
- Fala consigo mesma e com pessoas imaginárias.
- Forma frases completas e nomeia com clareza fatos e objetos.
- Nomeia o que constrói.
- Sabe dizer seu nome e sobrenome.
- Pode passar por fase de gagueira.
- Reconhece cores primárias e lembra de objetos e brinquedos que possui em casa.
- Apresenta noção de lateralidade e percepção espacial, como em cima, embaixo, dentro e fora.
- Começa a imitar os adultos.
- Já começa a usar a tesoura.
- Manipula massa de modelar com mais destreza e firmeza.
- Sobe e desce muito bem as escadas.
- Mantém-se sobre um pé.
- Come sozinha sem inverter o talher.
- Anda num triciclo.
- Percepção detalhada do objeto.
- Fala do objeto sem estar na presença dele.
- É importante estimular uso do espelho para a construção da identidade.
- Reconhece a função do objeto. Ex. sabe que a colher não serve para escrever.
- Adulto mostra o modelo e a criança compreende.
- Brinca com prazer tanto com brinquedos quanto com outras crianças.

Nesta faixa etária é fundamental que a criança não passe horas frente a TV, pois desenvolverá um papel de receptor e deixa de ter a interação com o outro, tão importante.

Hoje com o avanço da tecnologia, crianças muito pequenas estão sendo expostas às telas e deixando de lado as vivências e experiências. Muitos estudos demonstram que o ser humano aprende por meio da interação com o outro e o comportamento humano, as crenças e hábitos são construídas com as experiências.

Nesta idade, pode surgir a "teimosia" ou a famosa "birra", que é uma reação que a criança tem quando não aceita a decisão do adulto, manifesta por um descontentamento da criança sob uma ação ou um fato. Sair do parque pode gerar estresse.

Em contrapartida, uma subordinação também requer olhar atento, crianças que não expõem suas vontades e aceitam com facilidade a ação do adulto, pode gerar ansiedade e até sinais de depressão infantil. Uma apatia em relação a atividades prazerosas ou até desgastantes podem gerar problemas sociais no futuro.

Muitos pais, submetem a criança em situações de desgaste físico e emocional. Querer que uma criança fique em um restaurante com os amigos dos pais por volta de 3 horas, com certeza haverá uma irritabilidade, o mesmo levar ao shopping e passar horas em compras.

Neste momento, é muito comum, as famílias "tentarem" distrair a criança com aparelhos eletrônicos. Fato negativo que trará consequências na aprendizagem e no seu desenvolvimento cognitivo.

Outros pontos também merecem atenção nessa faixa etária quando a criança:

- Não interage com brinquedos ou com outras crianças;
- Apresenta pouca relação afetiva com membros próximos da família;
- Não faz jogo simbólico (não empilha cubos, não interage com a boneca);
- Não responde quando é chamada pelo nome;
- Não fala palavras ou frases curtas;
- Não tenta comer com colher;
- Apresenta pouca interação com outras pessoas;
- Apresenta dificuldades em manipular alguns objetos.

## 7.3. Desenvolvimento de 3 a 7 anos

Nesta faixa etária, o crescimento físico não é tão acentuado, porém cognitivamente e socialmente as mudanças são bem significativas. A capacidade de falar, lembrar dos fatos e habilidades de interação são essenciais e tornam-se mais claras, principalmente após o ingresso na escola.

Há uma mudança na aparência, deixam de ter a aparência de bebês e até há uma mudança na textura do cabelo. O tronco, braços e pernas tornam-se mais longos, a dentição começa a mudar e por volta dos 5/6 anos perde-se os dentes de leite.

Uma maturação neurológica acontece e o sono fica mais regular, inclusive começa a ter autocontrole de suas emoções. Sua coordenação motora torna-se bem mais aprimorada, sendo capaz de desenhar figuras e ingressam no mundo da escrita, passam a reconhecer símbolos, recortar figuras e desenvolvem habilidades motoras finas.

Uma brincadeira que estas crianças apreciam muito é faz de conta e troca de papéis.

Desenvolvem habilidades importantes cognitivas como memória, atenção e percepção. Precisam muito da aprovação do adulto e sentem-se orgulhosos por sua conquista.

O desenvolvimento da personalidade consiste na forma de entender o mundo, as ações e reações em determinadas situações, observam regras de comportamento e são capazes de cumpri-las.

Sentimentos de vergonha também começam a surgir por volta dos 5 anos, quando reprendida ou desestimulada. Ela consegue mudar de comportamento e atitude rapidamente. Pode surgir nesta idade, o amigo imaginário e a timidez.

Um fato bem interessante que as crianças passam a ter um olhar de solidariedade e amor ao próximo, e também, o cuidado com os animais e até ao meio ambiente.

## Aos quatro anos

- Aumenta rapidamente seu vocabulário.
- Faz muitas perguntas.
- Fala sozinha.
- Tem muita imaginação.
- Socializa-se muito bem com outras crianças.
- Tem agilidade no andar, correr e pular.
- Começa a ter dominância lateral.
- Apresenta curiosidade aumentada, quer saber "como", "por quê";
- Sabe dizer seu nome, sobrenome e idade quando lhe perguntam;
- Canta bem pequenas canções

## Aos cinco/seis anos:

- Sua linguagem está mais aprimorada e com amplo repertório.
- Define preferências entre colegas e já impõe com mais frequência suas vontades, pois começa a compreender a realidade.
- A lateralidade já está definida.
- Tem habilidades motoras mais específicas como recorte, manuseio de tesouras, uso do lápis.
- O movimento de pinça começa a ser usado com maior frequência.
- É capaz de realizar atividades físicas como rolamento, chutar bola, andar sob uma linha com mais facilidade.
- Faz muitas perguntas;
- Se interessa pela leitura.

- Escreve seu primeiro nome.
- Passa a ter preferências por alguns amigos e seleciona-os para as brincadeiras.
- Tenta conquistar o adulto com suas destrezas e simpatia.
- Representam papéis bem definidos nas brincadeiras e surge o papel de liderança por algumas crianças.
- Desenvolve a autoestima, por este motivo é importante que esteja inserida num ambiente acolhedor.
- É capaz de aprender a amarrar o tênis, ter cuidados de higiene, como tomar banho e escovar os dentes, limpar-se, vestir-se.

Por volta de 5 e 6 anos, a criança já é capaz de construir uma lógica para a escrita através de imagens, do reconhecimento de seu próprio nome, de quantificar letras e arriscar alguns traços e sons. Nesta faixa etária há uma amplitude de vocabulário significativa e ela passa a ter noção temporal e espacial.

Pontos que requer atenção com a criança nessa fase:

- Não expressa suas emoções.
- Apresenta dificuldades de comunicação ao contar algum episódio vivenciado.
- Acessos de raiva.
- Choro excessivo.
- Apresenta dificuldades em brincar e interagir com crianças da mesma faixa etária.
- Agressividade verbal ou física.

## 7.4. Desenvolvimento de 7 a 11 anos

Já observaram estas crianças no intervalo do lanche no pátio da escola, falam alto, correm e gritam ao mesmo tempo? A interação com outras crianças se dá a partir das emoções e das preferências.

Como estas crianças são tratadas dentro da escola? Não podem ser agentes passivos, receptores de informação.

Para Piaget, as crianças nesta faixa etária encontram-se no período operatório-concreto.

É um período onde as sensações e as percepções em relação ao outro é importante para a formação da personalidade e o desenvolvimento das funções executivas, habilidades neurológicas fundamentais para a aprendizagem e concentração.

Aparece com muita intensidade o autocontrole, autorregulação e autoconsciência. As crianças são capazes de compreender as regras do adulto, apesar de ainda estarem com o Sistema Nervoso em desenvolvimento.

A escola passa a exercer papel fundamental na aprendizagem estimulando habilidades de cognição, linguagem, socioemocionais, memória e atenção. Muitas dificuldades de aprendizagem acadêmicas costumam aparecer nitidamente neste período.

A memória e atenção aumentam intensamente e é possível manter o foco atencional por mais tempo. Fato importante para a aprendizagem escolar.

A linguagem apresenta como forma de expressão do que a criança está sentindo, ela é capaz de verbalizar angústias, tristezas ou alegrias, acontece uma grande transformação no pensamento e na percepção pelo outro e pelo ambiente.

A partir dos 8 anos, é possível perceber outra grande mudança, a criança percebe o mundo que a cerca de forma real, compreende que a morte é algo dolorosa, que as brigas dos pais podem acarretar numa separação ou alguém doente pode morrer. Compreende também os perigos reais, assaltos, acidentes, mudança de escola.

Pode surgir, em algumas crianças, baixa autoestima, solidão, depressão.

Apesar da criança ainda não estar com todas as habilidades desenvolvidas é capaz de compreender preconceitos, divergência de opiniões sobre um brinquedo ou uma situação do dia a dia, porém é influenciada pelo outro facilmente. Muitos especialistas, entre eles Piaget e Vygotski, retratam características importantes nessa faixa etária.

- Atinge uma fase mais prática do pensamento, já responde a jogos regrados, o que significa a subordinação à uma regra em que todos devem obedecer. Já sabe o que é seu e o que é do outro, trabalha com jogos que envolvem objetos, distingue a fantasia da realidade e se interessa pelas causas dos fenômenos.
- A criança passa a fazer uso das operações lógico-concretas;
- Trabalha com jogos mais complexos como adivinhações e enigmas;
- Vê uma situação por diferentes ângulos;
- É capaz de organizar elementos de acordo com suas características. Porém ainda não é capaz de discutir diferentes pontos de vista, pois nesta fase a lógica da criança não é igual à lógica do adulto. Todas as operações lógicas desta idade dependem, sem dúvida, de sua esfera concreta de aplicação.
- O pensamento é mais generalista, mas é abstrato, possível de fazer análise e síntese e estabelece processo de comparação. Já faz sua própria interpretação sob os fatos.
- A escola, os colegas e o professor possuem maior significação, faz relação de ação e consequência.
- Aparece a consciência entre o certo e o errado não só na relação com o adulto, mas com si mesma. Sabe o que deve fazer, mesmo sem a presença do adulto.
- Como a escola exerce um papel fundamental nesta fase, as condutas de responsabilidade perante as tarefas escolares são bem claras pela criança. Sabe da importância, pois reconhece que é avaliada o tempo todo tanto pela família quanto pela escola.

- Precisa conviver em um ambiente democrático familiar e acadêmico, sendo que a família pode facilitar ou dificultar o processo de aprendizagem.
- A comunicação entre o adulto pode afetar diretamente a aprendizagem através de um clima afetivo e de organização.
- Professores e famílias autoritárias que impõem castigo, a educação é centrada no adulto pode acarretar problemas não somente na aprendizagem, mas principalmente no foco atencional.

Outro fato que é necessário avaliar é que nesta fase pode aparecer a agressividade, risco de transtornos psicológicos, ansiedade, a rejeição e a tristeza.

Fatores para atenção:

1. Não aceita ordens ou reage lentamente à uma regra.
2. Distrai-se com facilidade.
3. É necessário retomar comandos várias vezes para que possa compreender algo.
4. Isolamento social.
5. Exclui-se de brincadeiras coletivas.
6. Reage impulsivamente.
7. Acusa o outro pelos seus erros.
8. Dificuldades em compreender metáforas.
9. Indecisão frente a situações simples.
10. Dificuldade de memorização.

# 8

# A IMPORTÂNCIA DO BRINCAR

> Brincar com crianças não é perder tempo, é ganhá-lo; se é triste ver meninos sem escola, mais triste ainda é vê-los sentados enfileirados em salas sem ar, com exercícios estéreis, sem valor para a formação do homem.
>
> Carlos Drummond de Andrade

## 8.1 O processo lúdico na construção do conhecimento

Neste capítulo destaco pontos importantes publicados em obra de própria autoria nos livros O Lúdico na Escola (2018) e o Lúdico na Educação Infantil (2020), nos quais considero relevante a reflexão sobre o brincar e o brinquedo para as crianças.

Quando questiono alguns professores sobre como trabalhar com o lúdico na Educação Infantil percebo que há muitas controvérsias. Infelizmente, a má-formação acadêmica acaba prejudicando a prática pedagógica.

Muitos educadores de Educação Infantil acreditam que o lúdico na construção do conhecimento refere-se apenas em levar as crianças ao parque ou a uma sala de brinquedos e deixá-las brincar livremente.

É necessário, antes de mais nada, que o educador saiba o verdadeiro significado de ensino e aprendizagem.

Imagine-se uma criança tentando andar de bicicleta. Ela cai inúmeras vezes, mas não desiste. Aprender andar de bicicleta passa a ser um desafio, assim como o fato de andar sozinha apresenta, também, um significado. Existe uma situação estimuladora: seja a bicicleta que acabou de ganhar ou o fato de os amigos já saberem andar sozinhos.

Após conseguir superar este desafio, ocorre uma mudança de comportamento nesta criança e logo ela procurará novos desafios e aprenderá novas situações, como andar de patins, por exemplo.

Mas o que é aprendizagem significativa? Talvez este seja o ponto em que quero chegar quando falamos de ensino e aprendizagem dentro da escola.

Moreira (1982) aborda que para Ausubel:

> "aprendizagem significativa é um processo pelo qual uma nova informação se relaciona com um aspecto relevante da estrutura de conhecimento do indivíduo... A aprendizagem significativa processa-se quando o material novo, ideias e informações que apresentam uma estrutura lógica, interage com conceitos relevantes e inclusivos, claros e disponíveis na estrutura cognitiva, sendo por eles assimilados, contribuindo para sua diferenciação, elaboração e estabilidade."

Abreu (1990) afirma que:

> *"toda aprendizagem, para que realmente aconteça, precisa ser significativa para o aprendiz, isto é, precisa envolvê-lo como pessoa, como um todo (ideias, sentimentos, cultura, sociedade)."* (p. 09 )

Tiba (1998) afirma que aprender é uma ação que envolve no mínimo duas pessoas: a que ensina e a que aprende.

Mizukami (1986) cita em sua obra o significado de ensino-aprendizagem para Paulo Freire, que diz:

> *"assumem um significado amplo, tal qual o que é dado à Educação...Educador e educando são, portanto, sujeitos de um processo em que crescem juntos, porque...ninguém educa ninguém, ninguém se educa, os homens se educam entre si, mediatizados pelo mundo."* (p.97 e 98)

Ir mais além do sentido de aprender, ressalto que é aprender, fortalecer, prender, colocar para dentro. Quando aprendemos acontece uma internalização, uma adaptação e uma reorganização em nosso cérebro. Acontece mudanças neuronais e um fortalecimento de novas conexões e sinapses.

A ludicidade abre espaço para a construção de novos caminhos, para um pensamento flexível e interação com o aprendiz e o objeto de conhecimento.

Partindo do pressuposto dos conceitos de ensino e aprendizagem é necessário analisarmos como o processo lúdico pode favorecer na aprendizagem de uma criança.

Como já foi abordado anteriormente, a criança, na fase de 2 a 6 anos, aprende muito através da imitação, sendo que a televisão, celular, aparelhos eletrônicos e outros meios de comunicação exercem grande influência neste aprendizado. Muitas vezes negativamente.

O lúdico consiste em proporcionar uma aprendizagem prazerosa e significativa para a criança.

De acordo com o Referencial Curricular Nacional:

> *"o espaço na instituição de Educação Infantil propicia à criança apropriar-se de seu meio físico e interagir com ele. Para tanto, é preciso que seja flexível e permeável à sua ação, sujeito às modificações propostas pela criança e pelos educadores em função das ações desenvolvidas. Deve ser pensado e rearranjado, considerando as diferentes necessidades de cada faixa etária, assim como os diferentes projetos e atividades que estão sendo desenvolvidos, os vários momentos do dia que demandam atividade corporal ou atividades que precisem mudar constantemente o espaço. Na área externa,* há que se criar espaços lúdicos que sejam alternativos e permitam que as crianças corram, balancem, subam, desçam e escalem ambientes diferenciados, pendurem-se, escorreguem, rolem, joguem bola, brinquem com água e areia, escondam-se, etc. Enfim, dependendo como os espaços forem *oferecidos para as crianças, elas podem enriquecer seu repertório corporal e lúdico."*

Como estávamos relatando, a realidade não corresponde aos aspectos acima. É sabido que a estruturação do espaço, a forma como os materiais estão organizados, a qualidade e a adequação dos mesmos são elementos essenciais de um projeto educativo.

O professor Haetinger (p.20,1998) define aprendizagem como vivência.

E, por que os professores ainda sobrecarregam os alunos com uma quantidade enorme de conteúdos e conceitos e preenchimento de apostilas, cadernos e livros?

Isto acontece muitas vezes pela cobrança dos pais: *"Escola boa é aquela que dá muito conteúdo"*. E também por falta de experiência dos educadores em criar diferentes formas de aplicar o conhecimento.

É neste ponto que a ludicidade integra a escola de forma que o aluno possa adquirir o conhecimento de forma mais criativa e motivadora.

Atualmente, as crianças são inseridas cada vez mais cedo num contexto cultural repleto de informação, violência e consumismo. Assim, estas mesmas crianças ingressam na escola e passam a lidar com os mesmos aspectos sociais mencionados.

O modo mais motivador e atraente é aquele que o professor oferece aos alunos uma vivência diferente com experiências lúdicas.

Uma pesquisa da Universidade de Ulster, na Irlanda do Norte, feita com 500 adultos, constatou que os adultos mais saudáveis e com um estilo de vida mais ativo tiveram uma infância cheia de brincadeiras.

Numa sociedade onde as crianças perderam os parques ao ar livre, vivem dentro de apartamentos, brincar na escola pode favorecer o desenvolvimento criativo e uma socialização com os colegas através de resgate de valores, como solidariedade, trabalho em equipe, valorização do esforço além do conhecimento adquirido com os conteúdos curriculares. É transformar as aulas teóricas em aulas lúdicas, alegres e motivadoras.

A brincadeira está envolvida na vida da criança desde os primeiros meses. Percebemos isso ao observar a criança brincando com suas próprias mãos, ou quando um adulto brinca de "esconder" objetos, rostos, e a criança procura como se realmente o objeto tivesse sumido.

No decorrer da vida, a criança vai tendo contato com objetos, muitas vezes, simples, que fazem parte de suas brincadeiras, como o bater em uma panela fazendo barulho ou até mesmo, empilhando caixas e em seguida derrubando-as.

Todo este processo contribui para a construção de sistemas internos e para a comunicação com o mundo externo. É muito interessante observarmos as crianças brincando sem a intervenção de um adulto.

Elas determinam regras, papéis, elaboram e reproduzem situações vivenciadas pelos adultos com quem convivem.

Qual o verdadeiro significado da palavra brincar?

Segundo o conceito dado no dicionário da Língua Portuguesa, brincar significa "divertir-se, distrair-se, dizer algo engraçado."

As crianças riem e alegram-se por coisas simples, como o simples fato de um colega fazer barulho em uma mesa, como presenciei este fato em uma escola. Vocês podem pensar que esta brincadeira não possui nenhuma graça. Mas, acreditem, essas crianças riam tão gostoso que até um adulto começaria a rir sem saber o motivo.

O brincar é concebido como preparação para a escolaridade futura das crianças através da sua transformação em atividades.

Partindo desse pressuposto, o educador deve integrar o conteúdo com o lúdico, ou melhor ensinar e aprender torna-se prazeroso.

Para Vygotsky (1984), a criança ao brincar, é capaz de fazer mais do que ela pode compreender e justamente esta ação permite que a criança possa compreender o que move a ação.

> "As crianças, ao brincar de comer, realizam em suas mãos, ações semiconscientes do comer real, sendo impossíveis todas as ações que não representem o comer(...). Uma criança não se comporta de forma puramente simbólica no brinquedo, ao invés disso ela quer e realiza seus desejos, permitindo que as categorias básicas da realidade passem através de sua experiência." (p. 80)

É através da brincadeira que a criança passa a se inserir na sociedade, aprende a compartilhar, tolerar, compreender e se comportar diante dos outros. Se integrarmos a brincadeira com a rotina escolar, proporcionaremos novas experiências, aumentando suas potencialidades, formando conexões neurais que serão importantes para o seu desenvolvimento mental e corporal no futuro.

## 8.2. A importância do brinquedo

Quando a criança brinca, ela entra num mundo de faz de conta e passa a interagir com objetos e brinquedos dando vida a eles.

A criança está inserida num mundo onde os influenciadores digitais estão tomando conta das famílias. Observamos crianças pequenas assistindo pessoas abrindo brinquedos. A criança pequena fica horas frente à TV olhando outra pessoa abrir pacotes de brinquedos e se alegra em ver isto.

Talvez, você, leitor, possa estar se questionando quais malefícios isto traz a criança?

Então, refletiremos juntos sobre as consequências de uma criança ter o prazer em apenas ser agente passivo no ato de brincar e interagir.

Ao manipular diferentes objetos e usar a imaginação crianças pequenas exploram objetos como panelas, colheres e caixas sem a noção do valor econômico. **Criança não precisa de brinquedos eletrônicos ou caros, criança precisa de alguém que a faça explorar suas potencialidades e sua imaginação.**

A escola é um ambiente muito favorável a exploração deste universo lúdico, ao transformar uma garrafa PET num bilboquê ou chocalho estamos desenvolvendo pensamento flexível de observar um determinado objeto além de sua função inicial.

Por meio do brinquedo e da sua manipulação, a criança passa a transformar realidade e fantasia de forma única, sendo que se mistura a esta interação dar-se-á muitas vezes por imitação.

A criança passa a experimentar diferentes sensações através da manipulação do brinquedo. Ao explorar uma caixa, por exemplo, ela coloca objetos dentro da caixa, retira-os, joga no chão, chacoalha para ouvir o som destes objetos e até entra dentro da caixa para sentir esta sensação explorando o espaço.

O brinquedo é um suporte para a brincadeira e para aprendizagem, ele trará sensações e experiências para dar base a brincadeira.

Atualmente, percebemos as crianças com brinquedos variados e, devido à grande demanda, acabam não explorando todas as possibilidades do brincar com este brinquedo. A criança pega o brinquedo e em menos de 10 minutos já desistiu ou cansou de "brincar". Mas por que isto acontece?

Em uma sociedade mais consumista, onde ter é mais importante, as crianças são submetidas a publicidade infantil entre desenhos animados na TV ou até para adquirir um alimento ou lanche (fast food). Elas são induzidas a consumir determinado alimento por conta do brinquedo que vem como " brinde".

Diante desta apelação publicitária, a função do brinquedo perde sua identidade.

As crianças dão significado e ressignificam os brinquedos o tempo todo, passam a dar funções, muitas vezes, diferentes do que estavam habituadas. Elas têm liberdade de criar suas brincadeiras.

Há diversos brinquedos que podem ser estimulados e explorados com as crianças pequenas. A seguir, destaco brinquedos que possuem diferentes possibilidades de desenvolver atividades lúdicas.

a. Bola
b. Peteca
c. Bonecas
d. Brinquedos em miniatura: carrinhos, animais de fazenda, bonequinhos...
e. Panelinhas e utensílios de cozinha
f. Caixas de diversos tamanhos.
g. Garrafas plásticas
h. Chocalhos
i. Jogos de encaixe
j. Massas de modelar

Um ponto importante é que a escola sempre dá espaço ao uso dos brinquedos "pedagógicos", porém outros tipos de brinquedos também devem fazer parte da exploração e vivência por parte da criança.

WAJSKOP (1996), em sua tese de doutorado, retrata que:

> *"O brinquedo supõe uma relação com a infância e uma indeterminação relativa ao seu uso que equivale a dizer que inexiste uma relação direta com um sistema de regras organizador da ação."*

Ela ainda faz menção as citações de Brougère *"...o brinquedo é um objeto distinto e específico, cuja imagem projetada em três dimensões, parece vaga."(1995, p. 13) mas cujo valor simbólico e expressivo se sobrepõe ao valor funcional. O brinquedo é um objeto cultural produzido pelos adultos para as crianças e que ganha ou produz significados no processo da brincadeira, pela imagem da realidade que representa e transmite." (p. 70)*

O brinquedo exerce a simbologia do pensamento do brincante, o valor simbólico estabelece relações perceptivas com o mundo que cerca a criança, portanto exerce função primordial na construção do pensamento simbólico e no estreitamento de vínculos. Quem brinca gosta de quem brinca com ela.

Para que este vínculo seja prazeroso é necessário recriar diferentes situações de uso do brinquedo.

O uso do brinquedo seja direcionado ou de forma livre traz representações simbólicas e funcionais para a criança. Há brinquedos que são passados por gerações e estimados com valores emocionais imensuráveis.

Não podemos deixar de destacar também o uso do brinquedo regional. Brinquedos que são comercializados no Nordeste apresentam funções diferentes do Sul, por exemplo.

O uso imediatista do brinquedo e seu descarte numa sociedade consumista e levada ao apelo publicitário infantil pode acarretar muitas dificuldades na criança pequena, não apenas socialmente, sendo que esta criança deixará de ter oportunidades de desenvolver habilidades essenciais na primeira infância.

O adulto é o principal responsável em mediar e favorecer esta interação com a criança.

As atividades lúdicas em escola ou em consultórios diferem da brincadeira livre, ambas essenciais para o desenvolvimento cognitivo, social e afetivo da criança.

Ao propor atividades lúdicas, o neuropsicopedagogo deve selecionar atividades que além de estimular as áreas necessárias para estimular a criança, deve trazer a alegria e o prazer.

Durante o atendimento em uma clínica, procuro sempre propor atividades que despertam a alegria para a criança ou jovem. Estar num consultório, para a criança pode gerar muita ansiedade e até mesmo uma baixa autoestima, acreditando que está lá porque não é capaz de aprender. Propor atividades que envolvam esta ludicidade podemos romper grandes barreiras.

## 8.3. A IMPORTÂNCIA DA LEITURA E DA CONTAÇÃO DE HISTÓRIAS

Quando o professor conta histórias para os alunos uma mágica acontece. Lembre-se de sua infância? Quem contava histórias para você?

Uma avó, mãe, um avô, com certeza era uma pessoa muito especial.

Ao contar histórias o professor se aproxima do aluno, estreita vínculos, se apropria de uma linguagem além do aspecto informal. Passa a conhecer gêneros literários e ampliar vocabulário, além de despertar toda a curiosidade pelos fatos narrados.

O ideal é que o professor conte histórias diariamente desde a Educação infantil até as séries finais, seja livros com histórias curtas ou por capítulos. E que o professor pare a história na melhor parte, despertando ainda mais a curiosidade e o prazer pela leitura.

Ao ouvir uma história, a criança se coloca no lugar do personagem principal, passa a ter ações e percepções sobre os acontecimentos. Quando um professor conta uma história e a envolve com o conteúdo programático, consegue aproximar o aluno ao conhecimento que será transmitido.

Sempre é necessário que o professor leia antes as histórias para que possa fazer as interrupções no momento mais adequado, criar um suspense e antecipar alguns fatos.

Para cada faixa etária o professor e também o neuropsicopedagogo poderá propor estratégias de escrita após sua leitura como os exemplos a seguir:

- Desenhar a parte que mais gostou.
- Desenhar uma capa diferente para a história lida.
- Mudar o título.
- Criar um final diferente.

- Criar um início para a história. Neste caso, o professor não conta a início e permite que os alunos imaginem.
- Fazer mudanças de cenário e tempo da história lida.
- Colocar na sequência um recorte da história.

# 9

# O DESENHO E SEUS SIGNIFICADOS

Desde a pré-história, o desenho representa o pensamento das ações humanas, a pintura rupestre, o grafite e até a pichação é uma forma de comunicação.

A criança se comunica também por meio do desenho, inclusive em clínicas, o primeiro momento de uma avaliação se dá com o desenho do ser humano, da família e da escola.

Os desenhos expressam sentimentos e sua interpretação pode auxiliar na ajuda psicológica. Crianças que sofrem abuso sexual, muitas vezes relatam através dos desenhos.

Com uma interpretação do desenho é possível fazer interferências psicológicas, revela muito do inconsciente da criança, a forma como ela ocupa o espaço, as cores e os traçados podem revelar aspectos não somente emocionais, mas também cognitivos.

As crianças maiores, muitas vezes, negam-se a desenhar, e comum ouvirmos a frase: "Não sei desenhar", " O que eu desenho?"

Começa a ter os julgamentos e as comparações entre seu desenho e o do outro.

Durante a aplicação do desenho, é fundamental que o aplicador (professor, especialista, psicólogo) anote as expressões das crianças como:

- Insegurança
- Uso excessivo da borracha ou risca por cima do erro
- Cautela
- Humor
- Expressão facial
- Relaxamento
- Tensão

- Desconfiança
- Confiança
- Se há verbalização enquanto desenha
- Como ocupa o espaço da folha, se há muitos movimentos virando a folha de lado, de trás para frente, inversão...
- Posição do lápis
- Tempo de execução do desenho
- Firmeza no lápis, pressão excessiva ou leve demais.
- Se há pausas durante a execução do desenho.

Rabello (2013), coloca que tudo o que a criança desenha do lado esquerdo da folha refere-se ao passado, alguma recordação, no meio a imaginação e do lado direito sonhos, o futuro, o que deseja.

Os significados a seguir fazem parte de vários estudos:

## 1. Traçados:

- Regular e nítido: tranquilidade, autoconfiança, sem medo de expor suas ideias.
- Irregular: insegurança, timidez, dificuldade em demonstrar seus sentimentos.
- Interrompidos e mudam de direção: demonstra angústia, agressividade controlada, ansiedade.
- Trêmulos: medo, nervosismo, uso de substâncias químicas.

## 2. Espaço da folha:

- Usa metade superior: criatividade, objetivos que não podem ser atingidos, fantasia.
- Usa metade inferior: humor deprimido, insegurança.

## 3. Tamanho das figuras

- Grandes que ultrapassam a folha pode demonstrar falta de controle, rejeição ou expansão dos sentimentos. Mas podem representar que a criança deseja ser notada, necessita chamar a atenção.

- Pequenos podem representar sentimentos de inferioridade.

Segundo Azeredo (2021), para avaliar o desenho você deve dividir a folha do desenho em quadrantes e fazer as observações:

| 4º | 1º |
|---|---|
| 3º | 2º |

Aos seis anos já começa a representar desenhos muito próximos da sua realidade e com influência do meio em que está inserida. As figuras humanas já não têm o mesmo tamanho, depende da proporção que a pessoa ocupa na vida da criança. Por exemplo: o pai pode ter um tamanho muito maior do que os demais membros da família. A seguir destaco um desenho muito famoso da obra de Antoine de Saint-Exupéry".

***Desenho extraído do livro: O Pequeno Príncipe***

"Mostrei minha obra prima às pessoas grandes e perguntei se o meu desenho lhes dava medo. Responderam-me "Por que um chapéu daria medo?" Meu desenho não representava um chapéu. Representava uma jiboia digerindo um elefante. Desenhei então o interior da jiboia, a fim de que as pessoas grandes pudessem entender melhor. Elas têm sempre necessidade de explicações detalhadas." Antoine de Saint-Exupéry

# 10

# AS FAMÍLIAS E O CONTEXTO NO DESENVOLVIMENTO DA CRIANÇA

A família é uma associação, um grupo, um sistema e um conjunto de pessoas que vivem juntas e compartilham das mesmas aspirações. Essas pessoas são unidas pelos vínculos e é considerada o primeiro grupo que a criança está inserida.

É um grupo que sofre transformações ao longo do tempo. Pense numa família tradicional da época dos nossos avós. O pai, chefe da casa, aquele que dava as ordens e era responsável em garantir o sustento da família e sua segurança. À mãe cabia o cuidado da casa e a educação dos filhos que cresciam, casavam-se e davam continuidade a estrutura familiar.

Atualmente, segundo a Constituição há vários tipos de família. Não existe mais uma padronização da família tradicional, apesar de ainda a sociedade querer encaixar as famílias num molde mais tradicional, chamada também de família nuclear.

Com as mudanças de estrutura familiar há famílias tradicionais que podem ser nomeadas como famílias nucleares, porém o novo formato de família chega neste século com uma nova abordagem e também com novos direcionamentos.

Famílias monoparentais, homoafetivas, extensas, sem laços sanguíneos ainda causam estranhamento por algumas pessoas, mas o fundamental que os filhos que estão inseridos neste contexto tenham parentalidade positiva.

Independentemente do tipo de família, os papéis que cada membro exerce é fundamental para um desenvolvimento tanto cognitivo, social e emocional dos filhos.

Muitas vezes, surgirão conflitos e o respeito para a resolução dos problemas de um ou mais membros. É importante considerar que vários fatores podem interferir na família como: problemas financeiros, mortes, doenças prolongadas, divórcio e até mudanças de cidade.

Para que possamos exercer o papel adequado dentro da família, são necessários alguns pontos como:

- Ambiente organizado.
- Hierarquia clara entre os papeis dos pais e dos filhos. Estilo democrático e participativo.
- Limites claros, permeáveis e flexíveis.
- Capacidade de expressar afetos positivos com linguagem de segurança e sentimentos positivos, sem agressividade física, verbal.
- Respeito e compreensão dos problemas dos membros da família.
- Sentimento de pertencimento.
- Comunicação clara.
- Rotinas bem estabelecidas.

A interação entre os membros da família e sua relação com o meio social tanto afetivo quanto econômico é essencial para um pleno desenvolvimento do indivíduo. Todas as pessoas possuem uma história e seu desenvolvimento está relacionado com as experiências que cada um vive. Estas experiências formam memórias importantes para o desenvolvimento da personalidade e também favorecem estímulos cognitivos.

Se a família é um espaço interativo, a relação com que os seus membros possuem interferem positivamente ou de forma negativa principalmente aos filhos.

Pense na sua relação com sua família, quantas vezes você tem inúmeros problemas no trabalho e não vê o momento de chegar em casa e conversar com as pessoas que moram com você ou que tem um vínculo especial?

Há dados preocupantes em que mais da metade das crianças passam por problemas emocionais dentro das suas próprias famílias, seja por agressões físicas, emocionais ou até pressões psicológicas. É preciso repensar a saúde mental de nossas crianças.

O lar é um local de segurança e aconchego, mas dependendo do contexto familiar e de como estes membros se relacionam acarretam problemas graves cognitivos e psicológicos.

Crianças que estão em lares com famílias permissivas aprendem a não ter frustrações necessárias para que possam conviver em ambientes fora do universo familiar. O grande problema é que, por medo de frustrar seus filhos, muitas famílias permitem excessivamente e reforçam comportamentos negativos, mesmo que inconsciente.

Uma relação saudável e positiva é aquela em que as famílias estabelecem aspectos e variáveis relacionadas tanto a solução de problemas quanto a organização das funções e dos papéis que cada membro desempenha dentro do ambiente e do espaço em que convivem. Para que haja um ambiente saudável familiar, sugiro algumas dicas:

a. Conhecer os problemas de cada membro e desenvolver o hábito da escuta.

b. Estabelecer rotina. Uma casa sem rotina pode gerar consequências de organização e também de déficit de atenção, além de problemas de aprendizagem.

c. Os pais precisam desenvolver atividades que estimulem o desenvolvimento e a responsabilidade tanto em casa quanto na escola, acompanhando as tarefas escolares e fazendo com que os filhos auxiliem nas tarefas domésticas.

# 11

# ADOÇÃO

Adotar uma criança ou adolescente é um ato legal e deve ser muito bem pensado antes do casal tomar esta decisão. É uma convivência de pessoas sem laços sanguíneos.

É fundamental que as pessoas que fazem esta opção tenham ciência que adoção não é um conto de fadas e muito menos a resolução de problemas familiares. Há casais que resolvem adotar uma criança para salvar o casamento ou para substituir um filho morto.

Quando há um processo de gestação há também uma preparação para a chegada do filho, no processo de adoção não existe esta preparação, apesar de legalmente ser acompanhado por psicólogos antes da adoção.

Em muitos casos, a expectativa pela criança perfeita não existe e isto pode gerar frustrações pelos pais adotivos. Podem surgir problemas de saúde, comportamentais ou escolares.

Adotar um filho é uma questão de responsabilidade e modificações na vida de quem adota e também na vida da criança.

Esta adaptação pela criança também é necessária que haja um acompanhamento, pois não é possível retirar a experiência que ela teve na instituição anterior, pode surgir o medo da rejeição e um baixo sentimento de pertencimento à nova família, principalmente se há filhos biológicos.

Quanto menor a idade da criança adotada, melhor o processo de integração e interação à nova família.

Portanto, adoção é um momento importante da família e da criança, é preciso ter ciência da atitude e da responsabilidade.

Em suma, os pais devem estar preparados para possíveis questionamentos sobre o nascimento e os pais biológicos.

O papel do neuropsicopedagogo apoiado por um psicólogo, pode ajudar a família e as crianças nessa adaptação e neste novo momento.

# 12

# DIVÓRCIO E SEPARAÇÃO

O número de divórcios tem crescido muito atualmente e, na grande maioria, não acontece de forma clara e definida pelo casal, ocorrendo sofrimento pelo menos em uma das partes. Com isto, os filhos podem apresentar alguns problemas como transtorno de ansiedade, depressão e até mesmo acreditarem que são culpados pelo fato.

Por mais que pareça uma separação saudável não importa a idade dos filhos, é preciso pensar no sofrimento deles. Algumas crianças podem não demonstrar o que sentem, outras podem apresentar problemas comportamentais ou até mesmo de aprendizagem dando indícios na escola.

As mudanças que acontecem podem parecer a um luto infantil, mudanças de casa de um dos pais, novas famílias sendo formadas e novos filhos, o medo do abandono.

É neste momento que tanto a criança quanto o adolescente passam por mudanças que devem ser olhadas pelos pais. Há pesquisas que apontam que algumas crianças conseguem se adaptar rapidamente a nova situação, outras podem levar um longo prazo para isto. Ainda pais que se separam quando os filhos são adolescentes podem ter mais problemas do que em crianças menores, o mesmo se dá em famílias de baixa renda.

Após a separação dos pais é fundamental que ambos tenham coerência positiva no processo educacional, principalmente no que se refere aos seguintes aspectos:

a. Comunicação: os pais devem comunicar aos filhos a separação, porém devem estar cientes da idade em que a criança de encontra. Não adianta muitas explicações e também falar mentiras.

b. Respeito mútuo: falar mal de um dos pais, levantar questões como “ele(a) nos deixou”, ”fomos abandonados pelo(a) seu(sua) pai/mãe”, ou algo similar só trará problemas emocionais e possibilidades de problemas sociais.

c. Manter a linha educacional que estavam tendo antes do divórcio. Muitas vezes, um dos pais resolve mudar de escola a criança. Quanto menos mudança melhor neste momento.

d. Manter a rotina dos filhos. É muito comum, para agradar a criança ou para que ela goste mais de um dos pais, este acaba sendo permissivo. Na casa do pai há regras enquanto na da mãe, a criança não tem limites, ou vice-versa. Neste jogo de emoções, a criança passa por dúvidas e também desencadeia conflitos.

e. Interrogar o filho quando está com um dos pais. Muitos acabam questionando demais o filho sobre o que fez, como foi sua alimentação...

f. Quando os pais têm coerência na educação do filho e compartilham um clima harmônico favorecem a autoestima do filho e uma continuidade em sua educação.

g. É essencial que os pais tenham tempo para ficar com o filho e que esta relação seja saudável.

# 13

# LIDANDO COM PERDAS: MORTE

O ser humano tem a consciência de quando não sabe um assunto pode buscar a informação e as respostas para suas dúvidas em diversos meios: conversando com um a familiar, amigos, em sites de busca entre outras formas.

Porém, dentro de todas as descobertas do homem, a morte ainda é algo misterioso, por mais que várias religiões tratem a morte de uma forma, a certeza correta deixa um ponto de interrogação em nossa mente.

A certeza de que ela existe e que, muitas vezes, temos de lidar com as perdas de pessoas queridas traz angústia, tensão e ansiedade. A perda repentina de uma vida em qualquer idade poderá trazer consequências psicológicas até depressão.

O luto é tratado por muitos psicólogos como uma negação do fato. Há famílias que, quando perdem um filho, deixem todos seus pertencem intactos, além de gerar inconscientemente a esperança de um retorno, mesmo sabendo que isto não acontecerá.

Muitos sentimentos podem surgir quando há uma morte, principalmente se perdermos alguém de forma repentina, um acidente, um assalto, por exemplo:

a. Culpa: em alguns casos, a família pode se sentir culpada, acreditando que poderia ter feito algo para evitar a morte, busca respostas em atitudes anteriores que tivesse evitado o fato.

b. Negação: pode ser um momento passageiro relacionado ao fato recente, porém pode perpetuar durante anos, mães que perderam seu filho têm muitas dificuldades em lidar com a situação e acabam mudando de casa, de cidade ou até mantendo o quarto da mesma forma anterior do filho ainda com vida.

c. Depressão: há um índice muito alto de pessoas que têm depressão ou tiveram está relacionado diretamente com a perda de alguém muito querido. No idoso isto torna-se mais frequente com a morte do cônjuge. É um dos momentos mais dolorosos na vida do idoso e, pode gerar muitas mudanças. Os avós que passam a morar com seus filhos e neste momento com os netos.

## Como falar com as crianças sobre morte?

A morte também está relacionada com a perda do animal de estimação e tanto nesta perda quanto a de uma pessoa querida, os pais tentam poupar o sofrimento do filho criando situações irreais, dizendo que a pessoa foi viajar, no qual você acaba criando expectativas na criança do retorno. Até quando dizem *"vovô foi dormir no céu"*, pode gerar problemas na criança para dormir.

Tem muitos livros infantis que falam sobre morte e isto pode ajudar muito a criança a lidar com esta perda.

Sempre há dúvidas de levar a criança ou não ao funeral. Até 7 anos aconselhamos evitar, pois ela ainda não compreende muito bem, mas após esta idade a vontade da criança também deve ser respeitada. Há familias que "impõem" a criança de participar e ainda colocar a mão na pessoa que morreu, isto pode gerar traumas e medos no futuro.

Uma sugestão é contar histórias lúdicas e filmes, como o Rei Leão, da Disney, que demonstra o encerramento de um ciclo. O mais importante é acolher, pois poderão aparecer muitas reações como: choro, agressividade, apatia, queda no rendimento escolar e até raiva. Estimule as lembranças boas e escute a criança.

# 14

# FILHO ÚNICO E CHEGADA DO IRMÃO

Ser filho único não é nada fácil, as expectativas dos pais com uma superproteção e um excesso de cuidados, pode gerar insegurança na criança ou até mesmo uma autoestima elevada, no qual a criança acredita ser superior aos demais.

A interação com outras crianças pode favorecer muito a relação e também um ambiente onde há disciplina, rotina e comunicação é muito positiva.

Em alguns casos, os pais colocam o filho único assumindo posições ora de um adulto ora infantilizando os comportamentos.

a. Adulto antes da hora: devido a falta de interação com outras crianças e num lar composto apenas de adultos, um fator de risco é colocar o "filho único" numa posição de um mini adulto, com posturas, linguagem e vivência do adulto. Os passeios devem incluir interação. É muito comum ouvirmos a famosa frase: "criança tem que ser criança". Neste contexto, realmente, preencher o tempo da criança com uma agenda repleta de aulas extras pode acarretar um stress infantil e também uma frustração quando esta criança não atinge as expectativas dos pais. Neste caso, os pais projetam no filho seus maiores desejos, e acabam interferindo no adolescente em sua escolha profissional.

b. Infantilização: os pais tratam a criança sempre com uma insegurança muito grande e não permitem que a mesma tem autonomia nas suas ações. Por medo ou insegurança que o filho sofra acabam subestimando a capacidade da criança e sempre colocando-a numa situação de inferioridade com a fala que ele ainda é pequeno e frágil para agir sozinho. Neste caso, a criança cresce na dependência nos pais em todos os sentidos, desde a escolha de uma roupa ou na interação com outras pessoas. Os pais se antecipam e falam pelo filho, escolhem e agem por ele.

Há muitos estudos hoje que contrariam a versão que é para um pleno desenvolvimento infantil é necessário ter mais que um filho. Isto não é garantia de um pleno desenvolvimento social e cognitivo.

Um fato que não pode ser descartado é que o ambiente influencia totalmente em nosso comportamento e também no desenvolvimento das funções neurológicas.

Imagine que você é filho único e tem seu quarto totalmente exclusivo, as roupas, objetos, sapatos. Agora, imagina que você divida seu quarto com mais dois irmãos e tem que compartilhar em muitos momentos a mesma roupa. Seu cérebro terá modificações de acordo com o ambiente em que está inserido. A relação com seus irmãos pode ser harmônica, porém pode ser repleta de conflitos e ciúmes pelos seus pertences ou pela atenção dos pais para um dos filhos.

A pesquisa publicada pela revista eletrônica Hypescience, mostra a seguinte informação.

> "Os resultados da ressonância magnética realmente demonstraram diferenças neurológicas no volume de matéria cinzenta (GMV) dos participantes como resultado de sua educação.
>
> Em particular, os resultados mostraram que filhos únicos apresentaram maiores volumes de giros supramarginais – uma porção do lobo parietal que acreditasse estar associada à percepção e ao processamento da linguagem e que, no estudo, correlacionava-se à maior flexibilidade dos filhos únicos." Disponível em: https://hypescience.com/cerebro-filhos-unicos/ Acesso em 15/08/2020, às 13h54

Isto pode acontecer devido os pais estimularem mais seus filhos únicos proporcionando atividades que envolvam maior criatividade e flexibilidade cognitiva. Ainda não há um consenso sobre todos estes dados.

Partindo deste pressuposto, de repente chega um irmão. Este filho que era único terá de dividir a atenção com este novo integrante da família. Este é outro momento que requer dos pais muito cuidado e atenção.

Nesse novo contexto, a criança pode apresentar problemas comportamentais na escola e até mesmo dificuldades acadêmicas.

Dicas para a chegada do irmão:

a. Conversar com o filho mais velho e exaltar a importância dele na família, colocando-o numa posição de destaque, de ajuda e de orgulho por ser o mais velho.

b. Permitir que a criança participe de todo o processo, escolha de algumas roupas, decoração, incentivando-o a participar dos cuidados do bebê.

c. Demonstrar que o amor dos pais não mudou e nem mudará em relação a ele, sempre que necessário corrigir com firmeza.

d. Os pais têm que organizar um tempo para continuar dispondo de atenção ao filho mais velho, continuar acompanhando a rotina escolar, um tempo para brincar ou contar histórias.

e. Evitar mudanças bruscas na vida, por exemplo, quando o bebê nasce os pais resolvem colocar a criança na escola. Este fato deve acontecer antes para que a adaptação seja feita com cautela e cuidados que visem o filho sentir segurança neste momento.

f. Tomar cuidados com a fala: "você é mais velho tem que dar o brinquedo para seu irmão" ou "Você já é grande seu irmão não". Estas comparações podem causar mudanças de comportamento no filho mais velho que, muitas vezes, regridem, voltam a tomar mamadeira, ter uma linguagem mais infantilizada e a imitar o que o bebê faz, principalmente se são atitudes que agradam o adulto.

g. Evitar comparações no diálogo entre os adultos, enaltecendo as gracinhas do bebê e destacando os erros do mais velho.

8. Conversar que o bebê que irá chegar trará muitas alegrias para a família, inclusive para o filho mais velho, que poderão ser

amigos e um ajudará sempre o outro. Enaltecer tudo o que acontecerá de positivo.

# 15

# DOENÇAS INFANTIS E HOSPITALIZAÇÃO

Quando a criança passa por problemas de doenças prolongadas e é submetida à cirurgias ou tempo em hospitais podem acarretar problemas como medo, traumas pós-cirúrgicos, insegurança e ansiedade.

É fundamental que a família tenha um olhar muito especial para a criança que passou por problemas de saúde prolongados. Sabemos que os pais também sofrem demasiadamente situações de *stress* quando seu filho encontra-se nessa condição, porém o fator psicológico da criança deve ser apontado como um dos fatores de melhoria e bem estar.

O ambiente hospitalar já nos remete a um lugar frio onde já existem perdas, a criança é retirada do seu espaço, da escola, tem que colocar as roupas do hospital e é privada do convívio com seus colegas, inclusive tem uma mudança na alimentação.

Partindo desse pressuposto, há crianças que se isolam e entram em depressão. Os pais também sofrem o impacto de um diagnóstico e entram em choque emocional. Mudanças de rotina interferem tanto na família quanto na criança.

Em muitas situações, a mãe é quem acompanha o filho hospitalizado, no qual acaba gerando mudanças familiares, pois outros filhos acabaram ficando em casa aos cuidados dos avós ou outras pessoas.

Crises de ansiedade surgem, mesmo que os pais procurem ter um comportamento tranquilo para não prejudicar o filho, é sabido que isso não acontece bem assim, os pais passam por situações de stress. A criança também tem dificuldades de compreender o que está se passando com ela, por esse motivo as conversas e apoio psicológico são indicados.

Uma das intervenções psicológicas neste caso tem como objetivo principal o lúdico como interação e tratamento terapêutico. Estudos revelam que o brinquedo utilizado pela equipe médica é de fundamental importância para amenizar os impactos de crianças hospitalizadas.

Segundo artigo publicado na *Revista de Psicologia: Teoria e Prática – 2008, 10(2):83-93 (PUC-SP),* foi realizado um estudo para verificar quais os impactos do lúdico com as crianças hospitalizadas. No presente artigo é ressaltado a importância dos contadores de histórias como fator predominante.

> "As alterações no padrão de interação das crianças foram salientadas por dez dos 15 pais, os quais mencionaram que seus filhos ficaram mais calmos, passaram a brincar ou a falar mais com eles, ficaram mais apegados, mais carinhosos, mais atenciosos ou mais alegres após a visita dos contadores.
>
> Outra alteração observada, após a visita dos contadores, diz respeito às movimentações de nove das 15 crianças nas dependências do hospital. Quatro dessas crianças, que se encontravam imóveis na cama no início da visita, passaram a movimentar-se no próprio leito; três saíram da cama e passearam tanto pelo quarto quanto fora dele; e as outras duas, que estavam sentadas na cadeira do acompanhante ou passeando pelo quarto, saíram do quarto e passaram a movimentar-se pelo corredor e pelos demais quartos.
>
> Esse aumento de movimentos, após uma atividade lúdica, replica os dados obtidos no estudo de Ribeiro (1986). É importante salientar que, ao aceitarem o convite dos contadores para irem à mesa no corredor, onde brincariam, algumas crianças, que estavam inicialmente isoladas ou interagiam apenas com seus acompanhantes, passaram a se relacionar com um maior número de pessoas, por movimentarem-se não somente no seu quarto, mas no corredor e nos demais quartos. Esses dados sugerem, conforme haviam apontado Leite e Shimo (2008) e Mitre e Gomes (2004), que o brincar no ambiente hospitalar promove a socialização." Disponível em: https://www.redalyc.org/pdf/1938/193817427007.pdf Acesso em 15/08/2020, às 18h30

Há muitos grupos voluntários que fazem este tipo de trabalho em hospitais e que conseguem excelentes resultados.

Muitos hospitais já têm esta preocupação mudando o espaço físico mais colorido, as roupas mais adequadas para as crianças, espaços mais divertidos e atendimento personalizado trazem mais segurança e bem estar para as crianças. Os profissionais da saúde também passam por mudanças que favorecem a recuperação da criança.

# 16

# VIOLÊNCIA DOMÉSTICA INFANTIL

A Organização Mundial de Saúde (OMS) define a "violência que envolve este segmento como todas as formas de maus-tratos emocionais e/ou físicos, abuso sexual, negligência ou tratamento negligente, comercial ou outras formas de exploração, com possibilidade de resultar em danos potenciais ou reais à saúde das crianças, sobrevivência, desenvolvimento ou dignidade no contexto de uma relação de responsabilidade, confiança ou poder".

O Brasil registrou ao menos 32 mil casos de abuso sexual contra crianças e adolescentes em 2018, o maior índice de notificações já registrado pelo Ministério da Saúde, sabido que em situações de pandemia a violência doméstica aumento significativamente.

O número de crianças que sofre violência dentro de casa é muito maior em classes econômicas mais baixas.

As denúncias nem sempre acontecem, por medo ou por situações em que um dos pais não fique sabendo pelo fato de chantagem. Mesmo que a vítima não queira por medo, o conselho tutelar tem que ser acionado.

Muitas crianças chegam ao hospital porque foram violentadas físicas e até sexuais, porém são argumentados pelos pais que dizem que foi um acidente.

Na escola é mais fácil identificar quando percebe que a criança chega machucada, às vezes através de um desenho é possível o professor suspeitar e identificar quando há violência doméstica. A escola é um espaço de proteção.

A escola tem de prestar atenção na fala da criança, muitas famílias ainda têm vergonha de denunciar.

O fator preocupante também é que a violência sempre é feita, em sua maioria, por um membro da família e o outro por medo não faz as denúncias.

A atuação do neuropsicopedagogo e do psicopedagogo é fundamental nesse quesito, pois um olhar atento pode perceber se a criança ou jovem passa por maus tratos ne família.

Neste cenário, o apoio psicológico é fundamental para esta criança, porém antes é necessário trabalhar a prevenção.

# 17

# SINAIS DE RISCOS PSICOLÓGICOS NA CRIANÇA

Muitas crianças apresentam situações de risco na infância que podem passar desapercebidas pelos pais, principalmente, por acharem normal e fazer parte da idade, porém são sinais de alerta inclusive de transtornos de comportamento e conduta.

Segundo Teixeira (2013), "a violação de regras é o componente principal desse transtorno, e jovens que o possuem apresentam comportamento antissocial, agredindo pessoas e animais fisicamente e sendo cruéis. Além disso, eles muitas vezes são autores de bullying dentro do ambiente escolar. As brigas na escola ou na rua são frequentes, inclusive com a utilização de armas de fogo, faca ou bastão."

O transtorno de conduta é caracterizado quando as crianças apresentam comportamentos que incomodam os demais, se colocam em situações de perigo e desafiadoras e também se envolvem em mentiras com uma certa frequência.

## Sinais de transtorno de comportamento:

- Irrita com frequência os colegas.
- Se envolve em agressões verbais ou físicas com frequência.
- Agride animais.
- Mente ou inventa fatos.
- Não assume seu comportamento sempre culpando o outro.
- Não demonstra sentimento de culpa.

## Transtorno de conduta na escola

- Mentiras.
- Agressões físicas.
- "Matar aula".
- Destruição de carteiras.
- Roubo de material escolar.
- Agressividade e ameaças contra professores e alunos.
- Hostilidade com colegas de turma.
- Ausência de remorso.
- Comportamento sádico.
- Consumo de álcool e drogas.
- Desempenho escolar fraco.
- Isolamento social
- Prática de bullying.

Quadro disponível em: Manual dos transtornos escolares: entendendo os problemas de crianças e adolescentes na escola / Gustavo Teixeira. – Rio de Janeiro: Best*Seller*, 2013.

## Sinais de transtorno desafiador opositor (TOD):

- Se manifesta antes dos 8 anos.
- Não cumpre regras e combinados.
- Perturba constantemente os colegas da classe e desafia os professores.
- Perde a paciência com frequência.
- Culpa os outros pelos seus erros.
- É muito comum ser confundido com birras.

Segundo Dr. Clay Brites, médico neurologista infantil e idealizador da Neurosaber:

- O TOD ocorre em 6% das crianças, a cada 20-30 crianças na escola, 1 possui o transtorno;
- Em famílias onde já existe um perfil explosivo de ser, há muita chance de nascer uma criança com TOD;
- Ocorre mais no sexo masculino até os 8 anos de idade, mas a partir dos 9-10 anos tem incidência igual em ambos os gêneros

## Sinais de transtorno obsessivo compulsivo (TOC):

Teixeira (2013), coloca que o " TOC é um transtorno comportamental caracterizado pela presença de obsessões e compulsões. Obsessões são pensamentos persistentes, repetitivos, intrusivos e sem sentido que "invadem a cabeça" do paciente. A pessoa as reconhece como sem sentido, inadequadas ou desnecessárias, mas não consegue controlá-las. Podem apresentar-se sob a forma de repetição de palavras, frases, pensamentos, medos, números, fotos ou cenas, e normalmente estão relacionadas com ideias de limpeza, contaminação, segurança, agressão ou sexo."

### Transtorno obsessivo-compulsivo na escola

- Gasto de tempo excessivo na organização do material escolar, com rituais de simetria e verificação.
- Rituais de repetição de exercícios escolares ou deveres de casa.
- Perfeccionismo.
- Releitura de texto inúmeras vezes.
- Repetitivos pedidos de desculpas.
- Colecionismo de objetos inúteis, como jornais e revistas velhos ou papéis de bala.
- Verificação excessivas de fechaduras, portas, janelas, luzes.

- Banhos prolongados e repetidas vezes ao dia.
- Lavar as mãos ou escovar os dentes incessantemente.
- Lesões no ânus ou nas mãos por rituais de lavagem excessiva.
- Trocas frequentes de roupa, com aumento de quantidade para lavar.
- Gasto excessivo de papel higiênico ou sabonetes.
- Entupimento de vaso sanitário por uso excessivo de papel higiênico.
- Preocupação de que algum membro da família possa estar gravemente doente ou contaminado.

Quadro disponível em: Manual dos transtornos escolares: entendendo os problemas de crianças e adolescentes na escola / Gustavo Teixeira. – Rio de Janeiro: Best*Seller*, 2013.

# 18

# FATORES DE APRENDIZAGEM

Dentro da escola há muitos desafios sobre a garantia da aprendizagem e o que realmente o aluno aprende. Ouço com frequência queixas de professores que os alunos não possuem conhecimentos prévios, que não dominam conceitos básicos, além de não saberem interpretar ou escrever um simples texto.

Pain (1995 ) aborda que a aprendizagem não é uma estrutura e sim uma articulação de esquemas históricos, uma etapa genética da inteligência, um organismo. A autora ainda retrata a aprendizagem piagetiana da inteligência e à teoria psicanalítica de Freud, *"enquanto instauram a ideologia, a operatividade e o inconsciente."*

Faço um relato pessoal neste contexto, quando iniciei minha carreira no magistério em 1989, após o término do Ensino Fundamental, o aluno mostrava o que tinha aprendido através da nota de uma avaliação. Numa aprendizagem que me ensinava a profissão de professor, reproduzia-se o meu papel de aluna. Ou seja, quem conseguia nota em números "passava de ano", caso contrário a reprovação acontecia.

E hoje? A nota ainda reflete a aprendizagem do aluno? No acadêmico sim, pois as avaliações são mensuráveis, porém nem todo aluno que obtém notas altas na escola é um aluno que será capaz de lidar com as dificuldades e as resoluções de problemas.

Labaree (2006) relata que " não se produz ensino que consideramos valioso se os estudantes não aprenderam o que consideramos valioso". O autor faz uma reflexão em sua obra observando os problemas especiais enfrentados pelas escolas de ensino médio quando preparam professores e produzem pesquisas e pesquisadores. Faz uma análise crítica sobre a formação dos professores nas escolas americanas.

Vou além desta informação, se o professor não valoriza o conteúdo que ele aplica, o aluno também não terá isto como valioso.

Muitos professores mencionam diretamente para o aluno que aplica um determinado conteúdo porque está no livro, mas não acreditam na importância do mesmo. Isto é um fato muito comum nas escolas brasileiras.

A relação entre a má-formação do professor, em várias partes do mundo e, especificamente no Brasil, gera problemas de aprendizagem significativos. Em muitas pesquisas, há um grande número de alunos que se enquadram em dificuldades de aprendizagem escolares pela organização atual da escola e a condução do professor em aula.

Nas últimas décadas há uma busca constante em melhorar a qualidade de ensino, pelo qual o índice do Brasil em relação a outros países está muito longe em qualidade de ensino.

É uma crise profunda que nos faz pensar em como promover aulas mais efetivas com engajamento dos alunos para a aprendizagem.

Há muitos fatores responsáveis pela aprendizagem tanto externos quanto internos.

a. Fatores externos: condução da aula, metodologia, vínculo professor e aluno, relações familiares, violência, fator econômico, social, as experiências que o aluno tem. Uma criança que tem possibilidades de frequentar teatros, cinemas, acesso a livros tem experiências diferentes e melhores das que são privadas destes requisitos.

b. Fatores internos: algum problema no parto, síndromes, transtornos, falta de nutrientes na gestação, consumo de bebidas alcóolicas, drogas, deficiências físicas, uma lesão proveniente de um acidente ou uma doença adquirida antes ou depois do nascimento.

Dividirei no mapa conceitual a seguir estes fatores que interferem diretamente na aprendizagem.

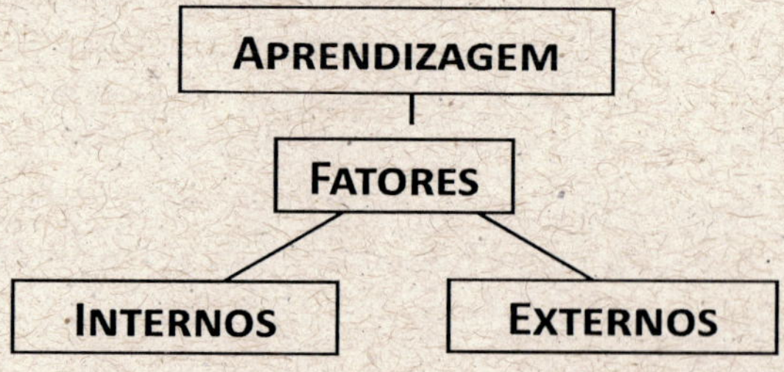

Nosso maior desafio é ensinar com qualidade e, neste momento, faremos um olhar para a aprendizagem dentro da sala de aula. Vamos analisar os fracassos da escola para analisar o ensino.

As aulas tradicionais que seguem uma rotina definida, repetimos a mesma postura de anos atrás, sendo necessário descontruir alguns conceitos para que possamos gerar mais aprendizagem.

Não é novidade que devemos repensar o modo de avaliar os alunos e ensiná-los. E também é verdade que existem outros fatores que podem favorecer a aprendizagem como a motivação.

Neste contexto, essencialmente a mudança na educação nunca se fez tão presente e emergencial. Em um quadro de aulas remotas como garantir a aprendizagem? Mesmo em aulas presenciais as dificuldades com a qualidade de ensino são muitas, mas não podemos ficar aqui lamentando toda uma problemática sem atuar de forma efetiva.

Precisamos urgentemente estabelecer metas que favoreçam o rendimento escolar, entre elas:

a. Aspectos cognitivos: estimular áreas cerebrais como autocontrole, memória, atenção, planejamento e criatividade.
b. Aspectos acadêmicos: diferentes estratégias dentro da sala de aula. Uma única estratégia não garante a aprendizagem. É preciso inovar, perceber o que o aluno já traz de bagagem cultural, de conhecimento e também de aplicabilidade. Há alunos que dominam muito mais do que o professor, por exemplo, uma ferramenta, uma edição de vídeo, uma gravação de um podcast ou até mesmo habilidades artísticas. Aproveitar este conhecimento é garantir vivência e motivação.
c. Aspectos sociais: como está organizada a sala de aula? O espaço de aprendizagem é toda a escola, a praça que está em frente ao colégio, o parque ou até mesmo a própria casa do aluno. A interação entre os alunos e a comunidade escolar são pontos que devem ser levados em consideração o tempo todo.
d. Aspectos emocionais: valorizar a escuta do aluno, observar as emoções, o quanto a criança está bem ou debilitada emocionalmente seja por fatores escolares ou familiares. Uma criança que

está inserida num ambiente de violência física, por exemplo, não estará aberta para aprender. Neste momento, a afetividade ganha força na relação professor e aluno.

Diante de todos os fatores necessários para uma aprendizagem, destaco os seguintes:

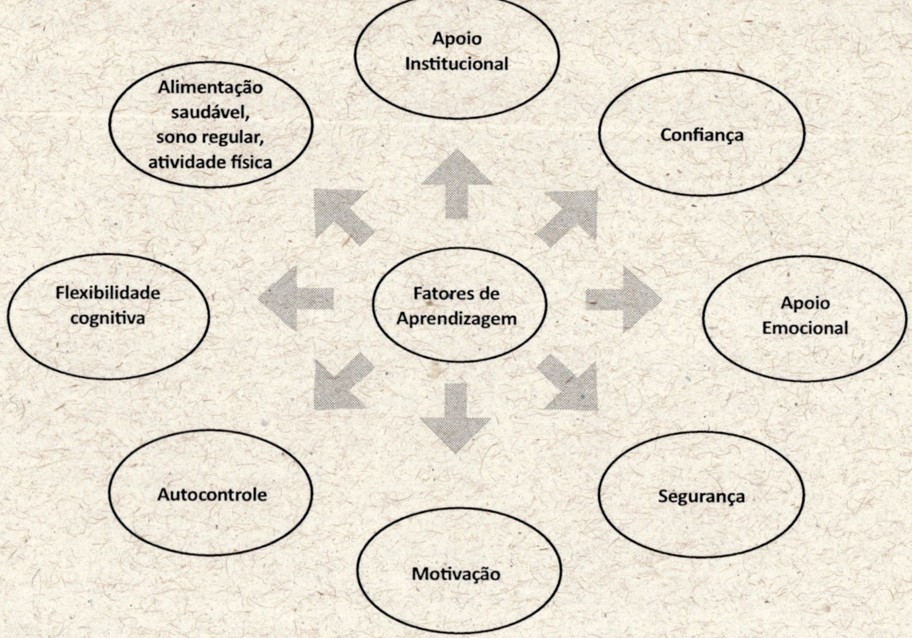


Vocês podem estar se perguntando que atingir tudo isto não é tarefa fácil e não é mesmo. O segredo é aprender a aprender.

Diante destas indagações ressalto que a emoção gerada em sala de aula é benéfica e pode atingir o objetivo que tanto almejamos.

Sem emoção e sem encantamento pela busca do conhecimento os conflitos serão constantes.

# 19

# RELAÇÃO ESCOLA E FAMÍLIA

Neste mundo em transição, há novas famílias e a velha escola. Como podemos fazer para manter uma relação saudável? Esta é a grande questão em pleno século XXI.

Numa época de pandemia em que as escolas e os professores tiveram que se adaptar, as aulas invadiram as casas dos alunos e as famílias passaram a conhecer muito mais o trabalho do professor. Nesta situação, acredito que houve mudanças significativas na valorização do professor e da escola pelas famílias. Fato que estava acontecendo uma banalização. Foi necessária uma união destas duas instituições tão importantes na vida e no desenvolvimento infantil para que a educação acontecesse.

Uma boa relação entre a família e a escola deveria ser democrática, justa, onde todos devem pensar no desenvolvimento do aluno.

O respeito social entre os membros da família e os membros da escola deve ter um equilíbrio em como a escola pode ajudar a família a melhorar o aproveitamento do filho e também o respeito entre a família e a escola. Quantas famílias não respeitam as regras da escola?

A escola e a família é um exercício de educar as crianças que se complementam. É neste sentido que deve haver acima de tudo diálogo e parceria.

O convívio entre várias culturas acontece dentro da escola, é onde acontece ações de valores e a construção da cidadania, é na escola que o convívio social se intensifica com mais força.

Portanto, uma relação saudável entre escola e família se constrói com diálogo e respeito mútuo.

# 20

# FUNÇÕES EXECUTIVAS: MEMÓRIA, FLEXIBILIDADE COGNITIVA E CONTROLE INIBITÓRIO

O cérebro é uma verdadeira rede de tráfego que é capaz de receber as informações, processá-las, armazená-las e reagir de acordo com as experiências que recebemos por meio das percepções sensoriais. Por meio da comunicação dos neurônios e das sinapses, a transmissão das informações podem ser recebidas com maior ou menor eficiência. (Aguilar, 2021)

A cognição, a conação e a execução que fazem parte da plenitude das faculdades do ser humano emanam, são responsáveis por toda a aprendizagem seja da mais simples e natural a mais complexa e cultural. (Fonseca, 2021, p. 53).

As funções executivas são processos mentais que permitem controlar as habilidades, processar as informações, planejar e organizar as ações e comportamentos, possibilidades de nos adaptar as mudanças externas. (Aguilar, 2021)

Um fato recente, foi a adaptação do cérebro à pandemia devido ao Covid-19 que mobilizou o mundo todo, uso de máscaras, distanciamento social, tecnologia a todo vapor foram necessários.

O desenvolvimento das Funções Executivas (FE) inicia seu desenvolvimento logo que a criança nasce e vai alcançando sua maturidade até o início da vida adulta.

Seabra e Dias (2012), destacam vários elementos que fazem parte das Funções Executivas, porém em obras mais atuais classificam em três grandes eixos:

a. Flexibilidade Cognitiva: é a capacidade de alternar uma decisão ou um caminho de acordo com as interferências externas ou internas, adaptando-se ou alternando a rota.

b. Controle Inibitório: é a capacidade de controlar estímulos internos (fome, sede, vontade de ir ao banheiro...) ou externos (ruídos). Esta capacidade faz com que se possa manter a atenção sustentada ou seletiva para manter uma atividade, uma leitura, por exemplo. É um autocontrole sobre ações, fala, tomada de decisões mais adequada.
c. Memória: é a capacidade de armazenar informações relevantes e retomá-las quando necessário.

Fonseca (2021), destaca as seguintes funções executivas:

1. Atenção: sustentada, seletiva e alternada.
2. Percepção: intraneurossensorial, interneurossensorial, metaintegrativa, analítica e sintética.
3. Memória de trabalho: localização, recuperação e utilização de informações relevantes.
4. Controle: iniciação, persistência, esforço, inibição, regulação e verificação de tarefas.
5. Ideação: improvisação e criação de estratégias de completamento de tarefas, raciocínio indutivo e dedutivo.
6. Planificação e antecipação: priorização de tarefas, hierarquização visando atingir fins e objetivos.
7. Flexibilização: autocrítica, autoavaliação, alteração de conduta, detecção de obstáculos e busca intencional de soluções.
8. Metacognição: auto-organização, automonitorização e supervisão.
9. Decisão: gestão do tempo.
10. Execução: finalização e verificação dos resultados obtidos. *(*Fonseca, *2021, p. 61)*

A memória é construída a partir de nossas experiências, o que muitas vezes, podemos acreditar em algo como sendo real, mas que não aconteceu verdadeiramente.

Lembro-me de meus pais terem me contato que quando tinha 2 anos, fui cobrir com um pano o cachorrinho de estimação e, na época, fui mordida de forma grave no rosto. Diante de um fato em que não me recordo e não me lembro de ter presenciado, isto gravou em minha memória. E, cada vez que relato o fato para qualquer pessoa, inconscientemente acrescento mais detalhes, inclusive a cor do pano.

Mas por que isso acontece?

Nosso cérebro recebe por dia milhares de informações, imagens, sons, cores, rostos.

Diante destes pontos abordados é possível identificar o quão é importante treinar as funções executivas tanto no âmbito acadêmico, social e cognitivo.

Tanto na escola quanto em clínicas psicopedagógicas e neuropsicopedagógicas é preciso priorizar o treino de atividades que tenham objetivos claros para que a criança e o jovem sejam beneficiados em relação as funções executivas. Descartar estas possibilidades é fazer com que a criança tenha problemas e dificuldades na aprendizagem, de adaptação, interação e na cognição. (Aguilar, 2021).

As Funções Executivas localizam-se no córtex pré-frontal e é sabido que é a última área do cérebro a ter sua maturidade total.

Bee e Boyd (2011) tratam em sua obra o desenvolvimento atípico, ou seja, um padrão permanente de comportamento que é incomum, comparado ao comportamento de outros da idade da criança, e que interfere no desenvolvimento da criança de alguma forma significativa.

Considerar que a criança apresenta comportamentos que diferem do grupo é importante para o neuropsicopedagogo e o professor da turma valida estas informações, portanto a observação dele é de suma importância para fazer diagnósticos futuros e intervenções adequadas.

"Os transtornos psicológicos em crianças e adolescentes interferem diretamente em todos os aspectos cognitivos, sociais e emocionais como **problemas de atenção** (mais particularmente, transtorno de déficit de atenção/hiperatividade), que prejudicam a capacidade de se concentrar; **problemas externalizantes** (também descritos como *transtornos de comportamento disruptivo*), incluindo delinquência e agressividade ou desafio excessivo, nos quais o comportamento desviante é dirigido para o exterior; e, **problemas internalizantes** (também denominados *transtornos emocionais*), inclui problemas como depressão, ansiedade ou transtornos da alimentação, nos quais o comportamento desviante é largamente dirigido para o interior, contra o próprio individuo" (Bee e Boyd, 2011, p. 422).

Muitas crianças com *Transtorno do Espectro Autista* apresentam dificuldades na flexibilidade cognitiva, uma das características do autismo relaciona-se a dificuldade em mudanças de rotina ou ambiente, gerando desconforto e resistência às mudanças. (Aguilar, 2021)

Rotta, Filho, Bridi (2016), fazem uma abordagem muito completa sobre o diagnóstico do autismo e estabelecem comparações entre as crianças típicas, relatam ainda que há um índice maior que os pais percebem a diferença comportamental por meio do atraso da linguagem.

Os autores abordam ainda que "os pesquisadores que investigam o uso e a utilidade de estratégias de intervenções precoces em crianças com TEA, em geral, costumam afirmar que o tratamento intensivo na criança está relacionado a uma significativa melhora na capacidade cognitiva e comunicativa, assim como ao crescimento na capacidade da criança de interagir com seu ambiente social" (Rotta, Filho, Bridi, 2016).

Para Dias e Mecca (2019), a presença de comorbidades é bastante frequente no TEA: cerca de 70% podem apresentar um transtorno mental comórbido e 40% podem ter dois ou mais transtornos mentais comórbidos. Ainda podem estar associado a algum nível de comprometimento intelectual.

O transtorno do espectro autista (TEA) é um transtorno do desenvolvimento com uma variedade de etiologias, que, além dos prejuízos inerentes ao transtorno em si, pode estar associada a outros transtornos e doenças que causam comprometimentos adicionais para o paciente (Rotta, Ohlweiler, Riesgo, 2016)

O TEA afeta áreas de interação, comunicação social e comportamento. E as intervenções decorrentes de detecção precoce de alterações no desenvolvimento apresentam melhores resultados em decorrência da neuroplasticidade. Um estudo realizado com nove crianças de 5 e 6 anos em relação à Memória de Trabalho, demonstrou que a maioria teve desempenho inferior nas habilidades de memória auditiva. (Lopes, Passos, Czermainski *in* Dias e Mecca, 2019)

Salles, Haase, Diniz (2016), faz menção sobre a importância das Funções Executivas (FEs) na infância, elas englobam uma série de competências inter-relacionadas e de alto nível de processamento cognitivo, cujo impacto se reflete no funcionamento afetivo-emocional, motivacional, comportamental e social. Os referidos autores definem essas funções como o conjunto de habilidades e capacidades que nos permitem executar as ações necessárias para atingir um objetivo.

> "Esse conjunto de funções poderia ser considerado um sistema de gerenciamento dos recursos cognitivo-emocionais, cuja tarefa seria a resolução de problemas." (Rotta, Ohlweiler, Riesgo, 2016)

Grande parte do interesse no desenvolvimento inicial das FEs deve-se aos achados de diversas pesquisas que mostram que vários transtornos com início na infância, inclui-se autismo, transtorno de déficit e atenção, dentre outros, são caracterizados por déficits nas funções executivas. (Uehara et al, *in* Salles, Haase, Diniz, 2016).

A avaliação das FEs podem ser realizadas pelo neuropsicólogo ou psicopedagogo, aqui faz-se necessário incluir o neuropsicopedagogo, onde se avalia a história de vida e escolar da criança, identifica-se seu desenvolvimento motor, linguagem, compreensão, o controle inibitório, as relações interpessoais e adaptação às regras. (Rotta, Ohlweiler, Riesgo, 2016)

> "Os estudos com seres humanos mostram que o período que segue desde o nascimento até os três primeiros anos de vida é o período mais crítico para a maturação e evolução do cérebro, em que os circuitos neurais são formados e fortalecidos, principalmente pelo contato que a criança estabelece com o meio ambiente e a absorção de estímulos advindos dele. (Fonseca, Marteleto, Schoen (2021)

A atenção exerce um papel fundamental no desempenho das Funções Executivas e deve ser considerada como parte integrante desse sistema funcional, além de ser de fundamental importância para a aprendizagem, o que destaca-se no próximo capítulo.

# 21
# ATENÇÃO

Muitas vezes, devido à correria do dia a dia, deixa-se passar desapercebidos detalhes importantes. Alguns não fazem a diferença e não acarretarão prejuízos, porém nem sempre isto é verdadeiro. Na escola, no trabalho ou na vida de social um erro ou falta de atenção pode gerar sérios problemas.

Imagine um enfermeiro que troca as medicações que têm frascos parecidos? Ou que em casos extremos esquece instrumentos cirúrgicos dentro dos pacientes? São relatos que aparecem em noticiários.

Estes exemplos demonstram a importância não apenas de manter o foco atencional, mas sim de estar atento à detalhes e a capacidade de observação.

O indivíduo recebe inúmeros estímulos sensoriais, sendo que deverá ser capaz de selecionar os mais relevantes dentre todos que recebe, porém sem a função da atenção a quantidade de informações seria grande e chegaria ao nosso cérebro de forma desorganizada que dificultaria a realização de qualquer atividade. (Luria, 1991)

> "O sistema nervoso pode fazer a seleção da informação através de vários mecanismos. A informação chega ao cérebro por meio de cadeias neuronais cujas estações sinápticas intermediárias podem ser inibidas, impedindo que ela atinja a região em que se tornaria consciente. Existem centros nervosos reguladores do processo, de modo que podemos, conscientemente, dirigir a atenção a determinados estímulos enquanto ignoramos outros. Além disso, os próprios receptores sensoriais costumam se adaptar a uma estimulação prolongada, que deixa então de ser percebida." (Consenza e Guerra, 2011)

Os autores ainda relatam que as crianças pequenas ainda não possuem esses sistemas amadurecidos e sua atenção é basicamente regulada pelos estímulos periféricos. Aos poucos, vão adquirindo a capacidade de dirigir sua atenção até atingir os níveis encontrados nos adultos. (Consenza e Guerra, 2011)

A atenção é uma habilidade que é necessária desenvolver e treinar, é uma habilidade cognitiva para manter o foco em uma determinada situação eliminando os estímulos externos e internos.

Atualmente, num ambiente em que houve a invasão da tecnologia, as crianças e jovens estão cada vez mais submersos a muitos estímulos e na escola há prejuízos e desatenção, como dito por muitos educadores.

Diante de uma leitura, de um trabalho ou de uma avaliação, é necessário eliminar estes estímulos e ter a manutenção desta atenção para que possa ter bons resultados.

Para Dias e Mecca (2015), durante o processo de desenvolvimento humano, maturações do sistema nervoso se expressam por meio da eficácia de processos cognitivos e de controle comportamental. À medida que as crianças vão crescendo, melhoram consequentemente suas habilidades de direcionamento e manutenção da atenção. (... ) Crianças com transtorno de déficit de atenção "apresentam prejuízos na inibição de respostas, erros de monitoramento, de desengajamento da atenção, na atenção executiva e na aversão à demora que afetam sua apreensão do ambiente.

Seabra e Dias (2012), relatam que a união dos três fatores de funções executivas: memória de trabalho, alternância e controle inibitório, estão relacionadas a ter autocontrole, poder ter atenção seletiva e sustentada, manipular mentalmente as ideias, relacionar ideias atuais e anteriores, mudar perspectivas, adaptar-se a mudanças. Elas são necessárias sempre que o funcionamento automático não for adequado ou suficiente, por exemplo, ao aprender coisas novas, raciocinar ou resolver problemas ou concentrar-se em meio a um ambiente distrator.

Há algumas subdivisões para a habilidade de atenção:

- Atenção seletiva: é a capacidade de eliminar estímulos que interfiram na sua atenção, priorizando o que é mais importante naquele momento.

- Atenção dividida: é a capacidade de manter sua atenção em duas tarefas ao mesmo tempo, isto acontece muito quando automatiza-se uma das tarefas. Por exemplo: dirigir e conversar com alguém ao mesmo tempo. Mesmo realizando uma tarefa de memória automatizada é possível manter-se atento à fala de alguém ou acompanhar o GPS. Isto não irá interferir no desempenho do ato de dirigir, caso o semáforo feche ou alguém ultrapasse seu veículo.

- Atenção concentrada e sustentada: é aquela em que o indivíduo se mantém em uma tarefa por um tempo determinado, eliminando fatores externos e internos que possam interferir. Por exemplo: ao ler um livro, ficar sentado na sala de aula prestando atenção no professor, mesmo que com fome ou que o barulho externo interfira. Há diversos estudos que as crianças e jovens não conseguem manter sua atenção por mais de 20 minutos em uma determinada tarefa. (Aguilar, 2021)

Manter-se atento às tarefas é um dos fatores primordiais para a aprendizagem e podem causar prejuízos quando a criança não realiza com eficiência uma determinada tarefa pelo fato da dispersão.

Mas o que pode causar a dispersão em sala de aula?

Aspectos como fatores externos como: barulho de outras crianças gritando no intervalo, som alto ou ruídos; fatores internos: fome, frio, calor, são os maiores responsáveis para a distração. E, por que tudo isto aparece muito mais na escola do que em outros ambientes? Pelo fato da criança ter que ser mais ouvinte e menos protagonista.

Ser um bom ouvinte também deve ser treinado. Uma das funções executivas mais estudadas está relacionada ao foco atencional.

> "Os bebês estão limitados aos estímulos imediatos e apenas reagem a eles. Durante o primeiro ano vão aperfeiçoando sua capacidade atencional e já ignoram estímulos irrelevantes. Aos 3 anos, têm noção do passado e do futuro e já existe a capacidade de planejamento e de flexibilização de estratégias, o que estará bem aperfeiçoado em torno dos 7 anos de vida" (Consenza e Guerra, 2011)

Diante desses pressupostos, aliar as funções executivas com as habilidades socioemocionais podem ter relação direta com a cognição e a aprendizagem.

# 22

# COMUNICAÇÃO AFETIVA E HABILIDADES SOCIOEMOCIONAIS

O ser humano já nasce com as emoções básicas: alegria, tristeza, raiva e medo. Essas emoções fazem parte da espécie, da nossa socialização e interação com o outro.

A cada vivência e experiência que vamos passando, podemos mudar nossas emoções.

A sensação de saudade pode surgir ao ouvir uma determinada música ou até mesmo uma lembrança positiva como a música de entrada do seu casamento. Tudo depende do momento e das situações vividas pelas experiências.

Diante disso, cabe uma reflexão importante: a emoção está diretamente ligada com nossa memória. Esse ponto é muito estudado pela ciência.

Ribeiro (*in* Santos, Andrade e Bueno, 2015), relata que a emoção tem um papel importante do direcionamento do comportamento e da sobrevivência das espécies. O estudo na neurobiologia das emoções busca uma compreensão da experiência humana por meio da integração do comportamento e do funcionamento do sistema nervoso.

Perceber que o outro está triste ou teve algum sofrimento, pode causar uma reação, a dor do outro é sentida em nós, quando falamos de morte, por exemplo.

Piaget faz uma abordagem que a cognição e a afetividade são inseparáveis, enquanto Vygotski (1989) afirma que as emoções têm participação ativa no funcionamento mental, concordando com as relações entre afeto e cognição.

Aqui cabe uma reflexão que faz-se necessária, até que ponto a afetividade e as emoções interferem na aprendizagem. É possível facilitar a aprendizagem dos conteúdos programáticos por meio de vínculos afetivos entre professor e aluno?

Neste contexto, percebe-se um prejuízo escolar em dois anos de pandemia e ensino remoto no Brasil, compreender como o cérebro aprende e quais são as melhores estratégias para facilitar o aprendizado é um caminho para minimizar estes prejuízos e também para avançar em diversas áreas do conhecimento.

O que acontece quando se erra algo que tinha certeza que iria ter sucesso? Como um atleta, que treinou durante meses, se sente ao perder a competição? E o famoso "branco" na prova?

Fonseca (2016), faz uma abordagem sobre a importância de compreender as emoções e a contribuição do neuropsicopedagogo para a aprendizagem na escola. O autor define que "a emoção ou afeto refere-se a sentimentos que envolvem, perante estímulos ou situações ambientais, não só a avaliação subjetiva dos mesmos ou das mesmas, como também, processos somático-corporais e crenças culturais."

Tanto a emoção pela competição quanto a emoção pelo ganhar causam disparos elétricos e químicos em nosso cérebro. Entretanto, os erros também disparam várias sinapses.

O psicólogo Jason Moser estudou os mecanismos neurais em operação no cérebro das pessoas quando elas cometem erros e verificou que quando erramos sinapses também são ativadas. Os erros fazem nosso cérebro estar muito ativo do que no acerto (Moser et al., 2011).

Emocionar-se com uma música ou com um gesto afetivo pode ser prazeroso, porém emoções que marcam negativamente faz com que nosso cérebro memorize os acontecimentos e apenas uma palavra é suficiente para revivermos àquela determinada situação. Será que uma pessoa é capaz de lembrar com precisão quando ouviu a notícia da pandemia pela primeira vez; o mesmo acontece quando relembramos o acontecimento de 11 de setembro de 2001, com a queda das Torres Gêmeas nos EUA devido ao atentado terrorista. O que acontece no cérebro que lembramos deste fato e não recordamos algumas fórmulas ou conceitos aprendidos na escola? (Aguilar, 2021)

As emoções guiam e suportam as funções atencionais, e estas guiam as funções cognitivas de processamento perceptivo, simbólico e lógico, assim como as funções executivas de resolução de problemas. (Fonseca, 2016).

Oliveira e Muszkat (2021), fizeram uma revisão de literatura no período de 2008-2019 e concluiram que há poucas pesquisas que visam a investigar a eficácia de programas e estratégias de intervenção e promoção de competências socioemocionais. As autoras retratam que as habilidades socioemocionais podem ser divididas em três categorias: a cognitiva, a emocional/afetiva e a comportamental.

- Categoria cognitiva: habilidade de resolução de problemas intra e interpessoais e metacognição.
- Categoria comportamental: estão os comportamentos pró-sociais, que são aqueles voltados aos outros indivíduos, a agir de forma cooperativa, ajudar, confortar, compartilhar, entre outros
- Categoria emocional/afetiva: à competência em trabalhar suas próprias emoções, isto é, reconhecer os seus estados emocionais, saber nomeá-los corretamente e defini-los de acordo com aquilo que está sentindo, autorregular suas emoções negativas e seus impulsos. Nessa categoria pode ser incluída a empatia, a capacidade de julgamento e tomada de decisões. (Oliveira e Muszkat, 2021)

Uma comunicação afetiva entre o professor e o aluno pode ser a válvula propulsora para os problemas de aprendizagem.

> "É muito importante que os docentes se tornem conscientes das habilidades socioemocionais em muitos sentidos, incluindo o que são e por que são importantes. É preciso que compreendam e utilizem uma taxonomia e linguagem comum com seus estudantes, para que, então, consigam identificar e nomear, em si e nos outros, essas capacidades de modo mais eficiente. (Córdova Alves e Primi, 2020)

Desde o ventre materno o vínculo entre o feto e a mãe se estabelece, o que perpetua após o nascimento. A interação entre a criança e o cuidador reflete a emoção do contato visual, tátil e auditivo.

A emoção e a afetividade pode ser verbal ou não-verbal, explícita ou implícita. Ouvir uma determinada música pode nos remeter a lembranças positivas ou negativas, pode-se, entretanto, recordar de pessoas e lugares que direcionem partindo da música.

A memória está relacionada as emoções e as experiências que vivenciamos. Quando há emoção seja positiva ou negativa o cérebro faz o registro deste acontecimento.

Doidge (2017), trata em sua obra exemplos sobre como o cérebro é capaz de se transformar a partir da plasticidade. Relata que a plasticidade existe no hipocampo (a área que transforma lembranças de curto prazo em recordações de longo prazo), bem como em áreas que controlam respiração, processam as sensações primitivas ou a dor.

O cérebro não é apenas responsável pela cognição e aprendizagem, há áreas específicas para a emoção.

A área responsável pela memória e pelas emoções encontra-se no Sistema Límbico, na figura 3.

***Figura 3. Sistema Límbico***

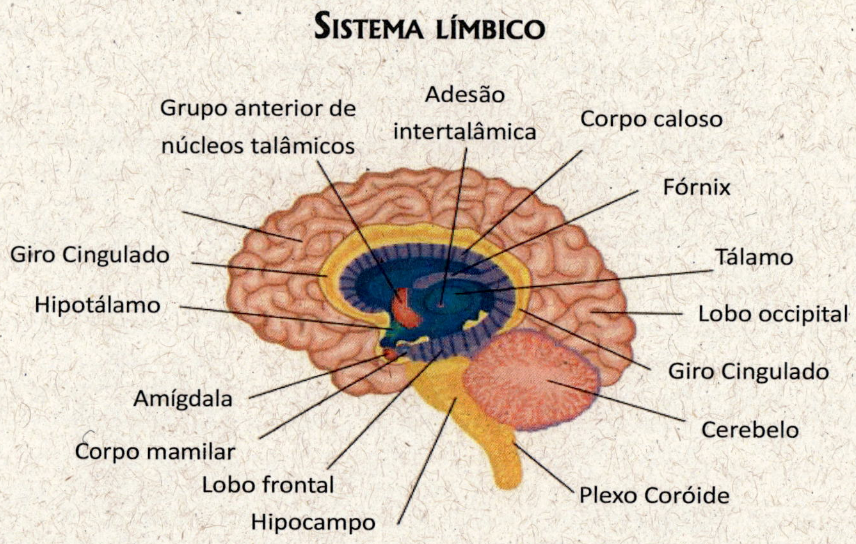


Não adentrando em cada item citado de forma anatômica, mas o quanto alguns componentes do sistema límbico são importantes para a compreensão das emoções.

Barreto (2010), em sua revisão sobre as estruturas do Sistema Límbico e as emoções traz contribuições sobre a formação e estruturas desse sistema. Estas estruturas, funcionalmente, se relacionam com os instintos, emoções e memória e, através do hipotálamo, com a manutenção da homeostase.

Uma área que tem sido muito estudado em relação às emoções, ao medo e a agressividade é a amígdala.

Segundo o neurocirurgião Meneses (2015) as conexões da amígdala:

> "são essenciais para a organização dos componentes visceral, autonômico, somatossensorial e somatomotor do comportamento afetivo, como defesa ou fuga. Estímulos elétricos na amígdala produzem alterações autonômicas, como dilatação pupilar, piloereção e reflexo de urinar, e alterações cardiovasculares (alterações da frequência cardíaca e da pressão arterial) e respiratórias (taquipneia), próprias da atitude de defesa."

Meneses (2015), refere-se que em momentos de grande estresse, a amígdala é ativada para o controle da dor e como resultado uma ativação de fuga, por exemplo, ativando as ações motoras e sensoriais.

Partindo deste contexto, quando o homem passa por situações de estresse ou medo, o corpo reage com dores abdominais, sudorese, alteração nos batimentos cardíacos. O corpo reage para proteção da espécie humana.

Pedreira (2021), em sua revisão de referências com 21 artigos que tratavam a relação da aprendizagem, emoções e memória. Neste artigo, o autor relata que a amígdala pode modular a codificação e o armazenamento de memórias dependentes do hipocampo. O complexo hipocampal, ao formar representações episódicas do significado emocional e da interpretação dos eventos, pode influenciar a resposta da amígdala quando estímulos emocionais são encontrados. Embora sejam sistemas independentes de memória, eles agem em conjunto quando a emoção encontra a memória.

A partir dessas considerações Cosenza e Guerra (2011), descrevem que as emoções precisam ser consideradas no ambiente educacional, ou seja, é necessário que se planeje uma ambientação que proporcione a mobilização das emoções positivas, como entusiasmo, curiosidade, envolvimento, desafio, enquanto que as negativas, como ansiedade, apatia, medo, frustração, devem ser evitadas para que não prejudiquem a aprendizagem (*in* PEREIRA, 2021).

Os estímulos que se recebe do meio externo desencadeiam reações voluntárias e involuntárias.

Em crianças com Transtorno do Espectro Autista, os estímulos externos podem ter reações mais intensas que desencadeiam as "crises".

Grandin (2015), relata sua experiência e busca para compreender o autismo e numa passagem da obra descreve o quanto o barulho de secador de cabelo e alarme a deixam extremamente irritadas e compara os sons altos a uma "dor de um obturador" dentro do crânio. "E se você receber a mesma informação sensorial que os outros, mas seu cérebro interpretá-la de um modo diferente? Então, sua experiência do mundo ao redor será a experiência dos outros, mas talvez de um modo doloroso. Neste caso, você vive literalmente em uma realidade alternativa — uma realidade sensorialmente alternativa".

Em minha experiência recebo em meu consultório crianças com 5/6 anos com prejuízos na linguagem oral e comunicativa. A linguagem oral comunicativa auxilia muito na compreensão e na interação com o outro, dessa forma, a falta da comunicação verbal se faz necessário um olhar atento e aspectos sensoriais para que haja a comunicação.

Estabelecendo uma relação entre a comunicação e a emoção, percebe-se que se o neuropsicopedagogo como qualquer especialista que trabalha com crianças, a emoção deve ser analisada em todos os momentos. Desde a entrada no consultório ou na escola até a despedida.

Em crianças que não conseguem expressar seus sentimentos, é preciso perceber o que o corpo demonstra, o olhar, os movimentos e a expressão facial vão dando sinais de alegria ou descontentamento, apesar do autista ter muitas dificuldades em reconhecer as expressões faciais.

> "As emoções atuam como um sinalizador interno de que algo importante está ocorrendo, e são, também, um eficiente mecanismo de sinalização intragrupal, já que podemos reconhecer as emoções uns dos outros e, por meio delas, comunicar situações e decisões relevantes aos demais indivíduos ao nosso redor." (Consenza e Guerra, 2011)

A palavra emoção, do latim *emovere*, significa "colocar em movimento". Promove uma reação ao estímulo. Para muitos especialistas as emoções podem ser primárias ou secundárias.

1. Primárias: são as emoções inatas, para nossa defesa. Damásio (2012*)* relata em sua obra que a reação emocional pode atingir alguns objetivos úteis: por exemplo, esconder-se rapidamente de um predador ou demonstrar raiva em relação a um competidor. No entanto, o processo não termina com as alterações corporais que definem uma emoção. O ciclo continua, pelo menos nos seres humanos, e o passo seguinte é a *sensação da emoção* em relação ao objeto que a desencadeou, a percepção da relação entre objeto e estado emocional do corpo.
2. Secundárias: são as emoções que são construídas a partir da cultura e das crenças sociais como vergonha, ciúme, culpa e orgulho são exemplos das emoções secundárias. Sentimos vergonha de uma situação que para outras culturas não há problema algum. Veja o exemplo do indígena que anda nu de forma natural sem a emoção secundária da vergonha.

> "Existem cerca de 19.632.000 crianças entre 0 e 6 anos de idade no Brasil. Dentre estas, 74% das crianças de até 4 anos vivem em famílias com renda inferior à um salário mínimo, conforme foi apresentado pela Fundação Maria Cecilia Souto Vidigal durante a palestra do professor James Heckman em São Paulo em outubro de 2017" (Colagrossi e Vassimon, 2017)

Esses dados demonstram claramente a importância de trabalhar, nas escolas de educação infantil, as habilidades socioemocionais. Os dados são alarmantes, em 2012, existiam cerca de 15 milhões de crianças menores de 5 anos vivendo no Brasil, com a taxa de crescimento da população ainda em ascensão. Estima-se que uma em cada seis dessas crianças de três e quatro anos não tinham habilidades básicas de desenvolvimento *socioemocional* ou cognitivo. (McCoy et al., 2016 *in* Colagrossi e Vassimon, 2017). Cerca de 85% das creches em seis capitais do Brasil receberam em 2010 uma classificação de qualidade "abaixo de adequada" (Wogan, 2014 *in* Colagrossi e Vassimon, 2017).

Perpassando por todos esses dados, é possível perceber que há mudanças nas aulas de Educação Infantil e do Ensino Básico no Brasil, e que a educação das crianças deve estar voltada não apenas para os aspectos cognitivos, mas também para o âmbito socioemocional. "Tendo em vista que um cérebro estimulado, apenas a nível cognitivo, fracassa no seu desempenho perante a vida social, ao não conseguir fazer o manejo socioemocional adequado à regulação do comportamento, que é um fator importante para viver harmoniosamente em sociedade." (Caminha 2014 *in* Souza, 2020)

Diante de pesquisas realizadas por Almeida et al (2018), o autor traz dados preocupantes sobre a qualidade da educação infantil. Evidências sugerem que as habilidades cognitivas e socioemocionais são maleáveis ao longo da vida e sofrem a influência de variáveis ambientais, incluindo diferentes tipos de intervenções, programas ou currículos escolares. (Almeida et al, 2018)

## 22.1. Sistema de recompensa e neurônios-espelho

Alves (2019) fez um estudo sobre emoções e sentimentos em humanos e animais e entre muitas pesquisas e suposições mostram não apenas na autoconsciência, mas também na forma de agir. Animais jovens ao observar a conduta dos adultos passam a realizar o mesmo tipo de comportamento caracterizando-se o que se poderia chamar de transmissão cultural rudimentar.

Sempre que se vá à uma loja de brinquedos, é comum observar crianças escolhendo seus brinquedos ou até chorando por querer que seus pais o comprem. E, também é muito comum ouvirmos a famosa frase: "se tirar boas notas ganhará o brinquedo." Esta troca entre as notas e o presente torna-se uma mudança de comportamento imediata ou não.

O que leva o ser humano e até algumas espécies de animais mudarem seu comportamento em troca de algo?

É também possível observar o condicionamento em animais, "senta que ganha um biscoito".

> "Se sabe algo sobre o reforço no comportamento dos animais é que recompensa ou punição (mais particularmente a recompensa) perdem seu poder rapidamente quanto maior

> o intervalo em relação ao que elas supostamente teriam de controlar" (BRUNER, 2008, p. 131).

O sistema de recompensa pode motivar tanto animais quanto humanos para conquistar o que almejam.

Um ponto que faz-se necessário um reflexão é o fato de reações implícitas serem sistema de recompensa. Um professor que sorri de forma positiva ao exercício que o aluno está realizando, pode ser considerado um sistema de recompensa? Na literatura há poucos estudos nesta área e estudos recentes sobre como nosso cérebro reage aos estímulos externos ou internos. Estaria o sistema de recompensa ligado diretamente à motivação?

A dopamina, um neurotransmissor, responsável pela sensação de prazer e de motivação está relacionada diretamente àquela sensação que as pessoas têm ao sentir a vontade de comer um chocolate ou de beber mais um gole de álcool.

"A dopamina parece ser fundamental na mediação dos efeitos de recompensa. Neurônios dopaminérgicos projetam-se da área tegmentar ventral do mesencéfalo para muitas áreas do encéfalo através do feixe prosencefálico medial" (Esperidião-Antonio, 2008)

Em contrapartida, Bruner (2008), coloca que o sistema de recompensa (ou punição) perde seu poder rapidamente quanto maior o intervalo em relação ao que ela pretendia controlar. O autor também trata a questão da recompensa, que a punição ou limitação de oportunidade, um privação de oportunidades sensoriais, feito em animais e que isto impede de desenvolver modelos adequados de meio ambiente no qual eles viverão.

Para Tapia (*in* Aguilar, 2017) as recompensas e punições têm efeito na medida em que estão presentes, mas depois que desaparecem, seu efeito não é muito duradouro.

Para aprender a criança precisa estar com dois sistemas funcionando em sua integridade cognitiva e emocional. É fato que um ambiente negligente, agressivo e de violência física ou verbal, dificultam a aprendizagem, reforça a insegurança e pode desenvolver uma baixa autoestima.

O cérebro é o órgão por nossas ações, emoções e também pela percepção que o homem tem em relação a si, ao outro e ao espaço que ocupa. Também é sabido que por meio das nossas experiências e memória pode tanto facilitar o processo de aprendizagem quanto causar bloqueios ou dificuldades.

O termo neurônio-espelho surgiu de uma experiência, em 1990, com macacos. Alguns neurocientistas estavam estudando os neurônios dos macacos e ao dar amendoins a eles alguns neurônios disparavam. A surpresa foi quando um dos pesquisadores comeu um amendoim diante de um macaco. Em resposta, o neurônio motor desse macaco disparou, o mesmo que disparava quando ele comia o amendoim. (Siegel e Bryson, 2015).

Será que quando observa-se uma pessoa sofrendo, também neurônios são disparados e isso mostra a empatia, o ser humano, mesmo sem sofrer, pode perceber essa dor? Aqui cabe muitas colocações sobre esse assunto.

A grande descoberta do neurônio-espelho, primeiro em macacos depois em humanos revela a importância das habilidades sociais, que possibilitam uma relação interpessoal bem-sucedida, como comportamentos de pedir ajuda, iniciar e finalizar conversas, defender-se, fazer perguntas e pedidos, expressar agrado e desagrado, lidar com críticas e elogios, pedir mudança no comportamento do outro. (Ferreira, Cecconello e Machado, 2017).

> "A emoção, representada principalmente pela expressão facial, cuja configuração é comum a todos os seres humanos, pode ativar os neurônios-espelho do córtex pré-motor. Esses neurônios levariam uma "cópia" do seu padrão de ativação à área somatossensorial e à ínsula, ativando-as, analogamente com o que ocorre quando o observador espontaneamente expressa uma emoção. Essa poderia ser uma raiz biológica do entendimento das reações emocionais dos outros, ou seja, da empatia. (Ferreira, Cecconello e Machado, 2017).

Os neurônios-espelho desempenham uma função importante para o comportamento humano. Eles são ativados quando alguém observa uma ação de outra pessoa. O mais impressionante é o fato desse espelhamento não depender obrigatoriamente da nossa memória. Estudos mostram que essas ações não dependem apenas do ato motor, mas há outras áreas cerebrais que são ativadas pelo neurônio-espelho. As emoções também podem ser espelhadas, quando observamos alguém chorando, por exemplo, *"nossas células refletem a expressão do sentimento que pode estar por trás das lágrimas e trazem de volta a lembrança de momentos que já vivenciamos."* Estas ações podem ser denominadas como empatia. (Lameira, Gawryszewski e Junior, 2006).

Geremias, Abreu e Romano (2017), abordam que o neurônio-espelho podem ser ativados também pela comunicação. Isto pode reforçar a importância da interação com o outro.

Por meio dos neurônios-espelho, cuja função é estabelecer relações entre as emoções e as respostas corporais, podemos entender que a fonte nuclear da aprendizagem humana é a empatia, processo cognitivo sofisticado que permite compartilhar as emoções com os outros na qual se inscreve a teoria da mente e a transmissão cultural intergeracional. (Fonseca, 2021, p. 113).

O mesmo autor, em outro artigo sobre a importância das emoções, relata que são elas que modelam e organizam a cognição através da experiência e da prática deliberada, a apropriação ou incorporalização do conhecimento consciente arrasta consigo reações emocionais que levam o indivíduo a aprender com a experiência e a se modificar através dela. (Fonseca, 2016)

Goleman e Senge (2015) relatam que a base da empatia é compreender como o outro se sente e seu modo de pensar acerca do mundo junto de habilidade social, cooperação e trabalho em equipe. Na escola, o trabalho em grupo é demasiadamente importante para bons resultados em todos os meios que a criança está inserida. Os mesmos autores ainda reforçam a importância dos neurônios-espelho, que são ativados em nosso cérebro com base no que vemos em outra pessoa-seus movimentos, suas emoções e até suas intenções.

Crianças com Transtorno do Espectro Autista (TEA), apresentam dificuldades em se expressar, compreender e imitar sentimentos como alegria, tristeza e medo. O comportamento autista reflete um quadro compatível com a falha do sistema de neurônios-espelho. (Lameira, Gawryszewski e Junior, 2006). Ainda podem apresentar dificuldades em se comportar de forma empática, de imitar, de se colocar no ponto de vista dos outros, de compreender seus próprios estados mentais, assim como, os alheios causando um comportamento retraído e isolado, o que prejudica, especialmente, os processos de aprendizagem tão importantes para um sujeito ativo na construção de seu mundo interno, assim como, do externo. (Geremias, Abreu e Romano, 2017).

No próximo capítulo, faz-se necessário abordar a importância da motivação e das habilidades socioemocionais com a aprendizagem.

## 22.2. Motivação e Habilidades Socioemocionais

Um dos maiores argumentos dos professores e dos pais é o fator motivação. É sabido o quanto essa queixa é comum dentro da escola e fora dela. Ouve-se, com frequência, que os alunos não se esforçam para estudar ou fazer tarefas de casa, mas, em contrapartida, são excelentes nas redes sociais e nos jogos eletrônicos.

Cabe aqui uma reflexão sobre os alunos que não estão motivados dentro da escola, mas fora são motivados pelos jogos eletrônicos, pelas brincadeiras com os amigos ou pelo uso da internet.

Aguilar cita alguns autores para definir motivação como: Witter (1984) diz que para alguém aprender é preciso estar motivado, para realizar algo é preciso ter um motivo, para se manter trabalhando é necessário que se mantenha a motivação para o trabalho. A autora também cita Piletti (1989), a motivação é fator fundamental da aprendizagem, mesmo sem professor, sem livro, sem escola e sem outros recursos. Mas mesmo que existam todos esses recursos favoráveis, se não houver motivação não haverá aprendizagem. (Aguilar, 2017)

A motivação é um assunto que sempre foi muito discutido nos cursos de Pedagogia e de pós-graduação na área da educação e da Psicologia, como a Psicopedagogia e Neuropsicopedagogia.

Pode-se classificar o fator motivação em três pontos, segundo Lécuyer (2019):

a. Motivação externa

b. Motivação interna

c. Motivação transcendente

Para a mesma autora a motivação externa causa dependência quando não há recompensas imediatas, enquanto a motivação interna desperta curiosidade e a criança aprende para si mesma. Já na motivação transcendente a criança age movida por um ideal.

Outros autores definem também a motivação, mas como extrínseca e intrínseca. Uma das teorias mais estudadas sobre motivação é a do psicólogo americano Abraham Maslow que retrata as necessidades humanas e pessoais. Dentro da pirâmide de Maslow é necessário levar em consideração aspectos socioeconômicos e biológicos.

Tapia e Fita (1999), descreve a Teoria das Necessidades de Maslow como uma hierarquia que passa pela necessidade de sobrevivência até a auto realização.

Pensar em motivação na aprendizagem é pensar em diferentes estratégias. Este é o ponto necessário que cabe uma reflexão. O que falta na escola para que as crianças se motivem a buscar o conhecimento e sintam prazer em aprender!

Conte (2020), relata que "a educação que propomos é aquela em que a criança é produtora de seu conhecimento, não mero receptáculo. Ela é ativa em sua interação com o meio social e constrói e reconstrói o mundo, criando uma relação diáletica" (p.19)

Desconsiderar o papel da emoção na sala de aula é desconsiderar oportunidades de aprendizagem. É fácil recordar de um professor que deixou marcas negativas ou positivas.

Destaca-se a importância de que o vínculo entre professor e aluno pode ser tão essencial na construção do conhecimento quanto as melhores estratégias.

Num contexto pós-pandemia, mais do que nunca as habilidades socioemocionais foram tão necessárias no âmbito escolar e familiar. Enquanto se falava dos prejuízos pedagógicos caminhava-se de mãos dadas aos prejuízos emocionais.

## 22.3. Afeto

Afeto vem do verbo Afetar, no sentido de chegar mais próximo do outro, modificar, quando afeta-se alguém significa agir sobre o outro.

Uma comunicação afetiva, aqui se refere a uma comunicação verbal ou não, mas capaz de afetar de forma positiva e, para que isso aconteça, o professor, como responsável pela propulsão de um conhecimento também deve ter habilidades socioemocionais desenvolvidas.

Riechi (2019), relata a teoria do apego que foi elaborada originalmente por John Bowlby, no qual a relação entre o cuidador e a criança é expressamente fundamental para construir comportamentos de apego e buscar proximidade.

Ao mesmo tempo, que o vínculo entre o cuidador e a criança são necessários para estabelecer uma relação saudável e segura, assim como a relação entre o professor e o aluno também é uma necessidade para aprendizagem. Trata-se de um processo e uma relação recíproca, fundamental para a aprendizagem.

Desde a evolução do homem é possível perceber nos registros históricos a relação do apego e da afetividade. O comportamento humano já possui seus mecanismos de defesa, mas quando é estabelecido uma relação saudável na escola, pode ter bons resultados na aprendizagem.

Estabelecer uma relação de vínculo também é necessário com o neuropsicopedagogo, pois sua atuação poderá contribuir de forma efetiva para as intervenções assertivas no processo de ensino e aprendizagem.

Muitas vezes, o neuropsicopedagogo é visto como alguém que atua apenas no consultório, mas sua atuação na instituição pode ter um caráter preventivo, é este ponto que faz-se necessário repensar o papel desse profissional não apenas como um intervenção em relação ao aspecto cognitivo quanto emocional.

## 22.4. Emoções

Aprender a controlar suas emoções e tomar decisões conscientes são aspectos almejados por todos.

Mas o que acontece quando nossas emoções prevalecem a razão? O que acontece no cérebro que as reações emocionais podem ser desastrosas numa relação seja entre os familiares quanto na escola?

Quando duas crianças brigam por causa de um brinquedo quais seriam as melhores condutas? E como fazer com que o aluno aprenda mais e melhor baseando nas habilidades socioemocionais?

Canettieri (et al, 2021), faz menção a uma crítica de trabalhar com as questões socioemocionais impostas pela BNCC. "As condições socioemocionais serão sempre circunstanciais, portanto imprevistas e não planejáveis. Assim sendo, nos preocupa a tentativa de imposição do 'tipo ideal' para um mundo globalizado e unívoco". Ainda se amplia a discussão sobre esta imposição e que escolas vislumbram o fato de trabalhar com as competências socioemocionais.

Em contrapartida Goleman e Senge (2015), relatam a importância de trabalhar com as crianças a Inteligência Emocional nas escolas e que a medida que este trabalho é integrado com as famílias, teremos alunos mais felizes.

Assim como Jean Piaget (1896-1980) e Lev Vygotsky (1896-1934), o psicólogo Henri Wallon (1879-1962) debruçou estudos sobre a importância da afetividade e defendem que há uma integração em três dimensões: motora, cognitiva e afetiva. Wallon mostra que a afetividade é expressa de três maneiras: por meio da emoção, do sentimento e da paixão. E que a relação do homem com o meio em que vive afeta sua forma de agir, existe uma relação entre a ação e sua interação.

Uma abordagem de Wallon é que a inteligência se desenvolve após a afetividade. Isto, é sabido pela Neurociência que a inteligência é inata, porém o contato com o meio e os estímulos podem alterar este percurso tanto de forma positiva quanto negativa, o que nomeia-se como Epigenética.

"A palavra epigenética se refere a alterações persistentes do DNA que não envolvem mudanças na sequência em si (...). A epigenética também está envolvida em alguns segredos da hereditariedade. Nossos pais dão, separadamente, contribuições genéticas iguais para sermos quem somos. Suas contribuições epigenéticas, porém, são desiguais. Faz diferença herdar alguns genes do pai ou da mãe. Esses genes são epigeneticamente ativados quando recebidos por via materna e inativados quando nos chegam por via paterna (e vice-versa). Outros estados epigenéticos, alguns deles desencadeados por fatores ambientais, podem ser transmitidos de avós para netos." (Francis, 2015)

Se mudamos a estrutura cerebral de acordo com nossas vivências, pode-se afirmar então, que aprendemos com o meio em que vivemos e com a interação entre pares. Por que então há pessoas que aprendem com mais facilidade do que outras?

Qual a relação entre o que o homem pensa, aprende e comanda suas ações?

Kandel (2010), desenvolveu seu trabalho na relação mente e cérebro, referindo- se como ciência e que é por isso que o homem evoluiu no decorrer de tantos anos. E isso se deve a memória, uma das capacidades mais estudadas e fascinantes do homem. A memória também é responsável pela transmissão de cultura e conhecimento.

# 23
# MEMÓRIA

A memória tem relações diretas com a afetividade, por meio de uma música, um perfume ou até um alimento é possível lembrar de fatos que marcaram a vida e as experiências.

Tulvin (*in* Santos, Andrade e Bueno, 2015), sugeriu dois tipos de memória: semântica e episódica.

A memória semântica é àquela que nos remete a conteúdos e conceitos, por exemplo, quem é o presidente atual do Brasil? Respondemos de forma rápida e clara. Já a memória episódica depende das experiências pessoais e únicas. Cada ser humano passa pela mesma situação com experiências diferentes.

A memória é um processo mental importante para a aprendizagem, é responsável pelo armazenamento, processamento e recuperação de uma informação quando precisamos dela.

Durante anos de pesquisas é possível constatar que há vários tipos de memória: memória a longo prazo que pode ser subdividida em:

a. Memória declarativa (ou explícita): é aquela que consiste na lembrança de eventos pessoais ou culturais. Este tipo de memória pode ser episódica, que guarda nossa lembranças pessoais e nossas experiências, ou semântica é quando compartilhamos da mesma informação, por exemplo quem proclamou a independência do Brasil?

b. Memória não declarativa (ou implícita): são aprendidas com repetições, não basta a leitura de um manual, por exemplo para aprender a dirigir um carro ou andar de bicicleta.

Há ainda a memória a curto prazo ou operacional que armazena conteúdo limitado (cerca de quatro itens ao mesmo tempo) em apenas alguns segundos. (Bueno e Baristela *in* Santos, Andrade e Bueno, 2015)

Apesar das Funções Executivas estarem relacionadas à aprendizagem, as emoções interferem em nossa memória, professores atenciosos, que estreitam vínculos com seus alunos e demonstram empatia, tendem a ter melhores resultados na aprendizagem.

Lembrar-se de professores que marcaram a infância não pelo seu conteúdo programático, mas porém pela forma que o transmitiam. Este é o ponto que faz-se necessário relacionar com as competências sociemocionais elencadas pela BNCC.

Segundo a BNCC (homologada em 2018 pelo MEC), é necessário que as escolas introduzam na grade as competências socioemocionais, sendo elas:

- Valorizar e utilizar os conhecimentos historicamente construídos sobre o mundo físico, social, cultural e digital para entender e explicar a realidade, continuar aprendendo e colaborar para a construção de uma sociedade justa, democrática e inclusiva.
- Exercitar a curiosidade intelectual e recorrer à abordagem própria das ciências, incluindo a investigação, a reflexão, a análise crítica, a imaginação e a criatividade, para investigar causas, elaborar e testar hipóteses, formular e resolver problemas e criar soluções (inclusive tecnológicas) com base nos conhecimentos das diferentes áreas.
- Valorizar e fruir as diversas manifestações artísticas e culturais, das locais às mundiais, e também participar de práticas diversificadas da produção artístico-cultural.
- Utilizar diferentes linguagens – verbal (oral ou visual-motora, como Libras, e escrita), corporal, visual, sonora e digital –, bem como conhecimentos das linguagens artística, matemática e científica, para se expressar e partilhar informações, experiências, ideias e sentimentos em diferentes contextos e produzir sentidos que levem ao entendimento mútuo.
- Compreender, utilizar e criar tecnologias digitais de informação e comunicação de forma crítica, significativa, reflexiva e ética nas diversas práticas sociais (incluindo as escolares) para se comunicar,

acessar e disseminar informações, produzir conhecimentos, resolver problemas e exercer protagonismo e autoria na vida pessoal e coletiva.

- Valorizar a diversidade de saberes e vivências culturais e apropriar-se de conhecimentos e experiências que lhe possibilitem entender as relações próprias do mundo do trabalho e fazer escolhas alinhadas ao exercício da cidadania e ao seu projeto de vida, com liberdade, autonomia, consciência crítica e responsabilidade.

- Argumentar com base em fatos, dados e informações confiáveis, para formular, negociar e defender ideias, pontos de vista e decisões comuns que respeitem e promovam os direitos humanos, a consciência socioambiental e o consumo responsável em âmbito local, regional e global, com posicionamento ético em relação ao cuidado de si mesmo, dos outros e do planeta.

- Conhecer-se, apreciar-se e cuidar de sua saúde física e emocional, compreendendo-se na diversidade humana e reconhecendo suas emoções e as dos outros, com autocrítica e capacidade para lidar com elas.

- Exercitar a empatia, o diálogo, a resolução de conflitos e a cooperação, fazendo-se respeitar e promovendo o respeito ao outro e aos direitos humanos, com acolhimento e valorização da diversidade de indivíduos e de grupos sociais, seus saberes, identidades, culturas e potencialidades, sem preconceitos de qualquer natureza.

- Agir pessoal e coletivamente com autonomia, responsabilidade, flexibilidade, resiliência e determinação, tomando decisões com base em princípios éticos, democráticos, inclusivos, sustentáveis e solidários

(Fonte: BNCC, 2017, p. 9-10)

Dentre as dez competências sociemocionais destaca-se: empatia e cooperação, no qual faz-se necessário um aprofundamento.

# 24 EMPATIA

Empatia é um termo muito comum e usado popularmente com frequência diante de momentos que a escola e a sociedade passaram referente à pandemia do Covid-19. Ouve-se falar de empatia tanto quando alegria, contudo compreender o significado dela e seu contexto dentro de atuação tanto do professor quanto do neuropsicopedagogo é indiscutível para um contexto escolar.

Colpo (2021), cita a definição de empatia de acordo com Associação Americana de Psicologia (APA, 2010), que empatia significa compreender a outra pessoa a partir do quadro de referência dela, e não do próprio, de forma a experimentar de modo vicário os seus sentimentos, percepções e pensamentos. Embora não envolva por si mesma a motivação para ajudar, a empatia pode se transformar em consideração pelo outro ou sofrimento pessoal, que pode resultar em ação.

Diante desses fatos, os alunos com necessidades especiais e/ou dificuldades torna-se ainda mais necessário ter habilidades socioemocionais para lidar com todas as dificuldades desde quantidade de alunos dentro da sala de aula, falta de material adequado e qualificação do profissional.

Colpo (2021), em sua pesquisa sobre empatia e crianças com Transtorno do Espectro Autista, relata que alguns educadores destacam que há uma falta de preparo e estrutura das escolas para receberem essas crianças, apresentando baixa crença de autoeficácia para lidar com a deficiência e, por vezes, crenças distorcidas acerca do paradigma da inclusão (muitas vezes confundido com a da integração), além das barreiras atitudinais. A literatura tem considerado a empatia como um construto multidimensional, que engloba os componentes cognitivos, afetivos/emocionais e comportamentais.

Siegel e Bryson (2015), colocam que a união de empatia e percepção pode ter resultado uma visão mental, uma consciência de si mesmo e uma conexão com quem a criança interage. O cérebro é programado para a integração interpessoal, que significa respeitar as diferenças a medida que acontece a interação entre as pessoas.

Se num momento que vivemos em 2020 e 2021, com as escolas fechadas e a falta de interação, cabe vários questionamentos de como as interações e as emoções foram prejudicadas.

Leo Fraiman no prefácio do livro de Conte (2020), coloca que na situação atual em que vivemos, é importante formar as crianças e os jovens sadios, felizes e seguros emocionalmente. E que boa parte do que eles irão pensar, sentir e agir diante de seus projetos de vida depende da família e da escola, e nunca foi tão importante o cuidado com a saúde mental.

Vale destacar também que lidar com uma educação pós-pandêmica e os aspectos emocionais pode ser um percursor para o cognitivo. Estar na sala de aula, ouvir a aula sem participar da mesma, apenas como um agente passivo pode ter influências diretas com os aspectos emocionais.

Não é raro ouvir comentários de que os alunos não aprendem de forma eficaz pela conduta ríspida do professor.

A neuropsicopedagogia pode contribuir muito para minimizar esses aspectos, com avaliações adequadas e intervenções emocionais.

Estratégias como jogos e brincadeiras, atividades musicais, histórias e brincadeiras que envolvam o corpo são bem-vindas para as crianças.

É nítido observar os alunos em aulas mais lúdicas que envolvam corpo, música ou arte, as reações são diferentes das aulas mais passivas. Nessas aulas, as crianças expõem seus sentimentos, gritam, envolvem-se em conflitos e são obrigados a gerenciar suas emoções.

Levando em consideração esses aspectos, atividades coletivas também geram maior exposição das emoções do que atividades individuais.

Fatores preocupantes que podem interferir na aprendizagem são reações inesperadas das crianças diante de situações do dia a dia ou situações de conflitos.

É comum, observar crianças chorando ou agredindo o colega por ter perdido no futebol da escola, desistir de uma brincadeira por perceber que está perdendo ou relatar que não gosta de determinado jogo pelo fato de ter dificuldades em executá-lo seguindo as regras.

Desde bebê, a validação de determinada reação necessita da resposta do adulto. Se um bebê chora e grita para querer determinado brinquedo e consegue, passa a repetir as ações como consequência para ganhar o que quer.

Colpo (2021) faz menção que as emoções podem ser compreendidas em suas muitas dimensões, desde as formas primitivas de comunicação, e se transformam na e pela interação com outras funções psicológicas humanas. O autor também aborda que crianças que apresentam níveis altos de empatia para emoções negativas, tendem a externalizar menos problemas comportamentais e denotam maior competência social. Por outro lado, baixos níveis de empatia, representam diminuição dos comportamentos pró-sociais e aumento de comportamentos agressivos.

Desenvolver na família, na escola e no consultório um trabalho que proporcione à criança externalizar suas emoções e conseguir administrá-las em situações diversas, proporcionar ambientes adequados com segurança, autoestima e solidariedade podem trazer benefícios cognitivos na aprendizagem escolar.

Diante de uma pesquisa realizada com crianças em instituições e em clínicas e atuação do Neuropsicopedagogo nesses ambientes é de fundamental importância verificar: De que maneira é possível melhorar o processo de ensino e aprendizagem dessas crianças e sua socialização entre os pares?

Uma das possíveis soluções é a aplicação de atividades lúdicas por meio de desenhos, contação de histórias, jogos e brincadeiras, musicalização e aplicação de um jogo chamado: Jogo das emoções, elaborado especificamente para o desenvolvimento desta obra.

Há vários instrumentos que devem ser utilizados na atuação tanto clínica quanto institucional que serão abordados nos próximos capítulos.

# 25

# TRANSTORNOS DO NEURODESENVOLVIMENTO E DIFICULDADES DE APRENDIZAGEM

É muito comum ouvirmos queixas dos professores que os alunos apresentam dificuldades de aprendizagem e que há defasagem de conteúdos dos anos anteriores.

As dificuldades de aprendizagem: estão associadas a uma dificuldade no âmbito escolar, pode ser pontual ou numa dificuldade de um determinado conteúdo. As dificuldades de aprendizagem podem ser sanadas com apoio escolar ou com apoio psicopedagógico. Geralmente, estão relacionadas a defasagem de conteúdos que vão se acumulando no decorrer dos anos ou até mesmo uma mudança de escola com metodologias diferentes.

Muitas vezes, é resolvida no próprio meio escolar. Ponto que se torna relevante atualmente foi o fechamento das escolas em 2020/2021, com aulas remotas. O retorno das aulas presenciais evidenciou uma defasagem maior em áreas da linguagem e matemática.

Essa defasagem demandou um aumento de procura por atendimento tanto na área da Psicologia quanto da Psicopedagogia.

Podemos classificar os transtornos como qualquer atraso ou disfunção de regiões e funções conectivas que resultam em déficits qualitativos ou quantitativos no processamento adequado destas informações, que influenciam tanto o aspecto cognitivo e/ou social e comportamental. De acordo com DSM-5, os transtornos são nomeados como Transtornos do Neurodesenvolvimento que inclui também os distúrbios. Distúrbio de Aprendizagem está ligado a *"um grupo de dificuldades pontuais e específicas, caracterizadas pela presença de uma disfunção neurológica"*.

A cada dia mais evidências têm surgido sobre diversos transtornos, podemos classificá-los em:

- Transtornos de Aprendizagem Verbal (Dislexia, Disortográfica, Disgrafia e Discalculia)
- Transtornos de Aprendizagem Não-Verbal (Percepção Espacial e Executivo)
- Transtorno de Déficit de Atenção e Hiperatividade (TDAH)
- Esquizofrenia
- Transtornos de ordem psicológica como: depressão, ansiedade, bipolar, transtorno obsessivo compulsivo, transtorno de personalidade.

A palavra Síndrome vem da origem grega "syndromé", que significa "reunião". A síndrome é um conjunto de sintomas e sinais que estão associados a mais de uma causa, pode ser definido como uma patologia, mas na medicina não pode ser caracterizado como uma doença.

As síndromes podem ter origem genética ou associadas as condições da gestação, uma mãe que ingere álcool pode gerar filhos com síndrome, é o caso da síndrome do álcool fetal que afeta diretamente o neurodesenvolvimento do bebê, penetra na corrente sanguínea da gestante, atravessa a placenta e alcança o feto pelo cordão umbilical. Causa deformidades na face: lábio superior fino, olhos pequenos, nariz curto, indefinição na região entre o nariz e a boca, além de diminuição no cérebro e na caixa craniana.

## 25.1. A Dislexia e dificuldades na leitura e na escrita

A dislexia é um transtorno de aprendizagem específico da leitura e da escrita, caracterizado por dificuldades de reconhecimento de letras, decodificação e soletração de palavras, na organização espacial, decorrência de um comprometimento no desenvolvimento de habilidades fonológicas.

A dislexia causa grande dificuldade na leitura e problemas na escrita.

Segundo Capellini e Mousinho (*in* Santos 2015), é preciso avaliar diversas áreas para serem avaliadas quando há problemas na aprendizagem, dentre elas:

a. História pessoal: saúde e desvio fonológico, além de histórico familiar.

b. Habilidades linguísticas: podem estar afetadas.

c. Leitura e escrita: desde o nível básico quanto de alto nível.

d. Observação educacional: verificar se as dificuldades acontecem apenas na escola ou em outras áreas.

e. Processamento cognitivo: não são determinantes para o diagnóstico, mas impactam no prognóstico.

f. Medida intelectual: para o diagnóstico positivo da dislexia, é necessário ter uma discrepância entre o nível de leitura (este bem prejudicado) e o QI.

A leitura e a escrita é o fator primordial para a aprendizagem dentro da escola e quando há alguma dificuldade várias áreas do conhecimento são comprometidas.

O diagnóstico deve ser feito por uma equipe multidisciplinar. De acordo com a Associação Brasileira de Dislexia alguns sintomas já podem ser notados desde a Educação Infantil como:

- Dispersão;
- Não consegue manter a atenção sustentada e seletiva;
- Atraso do desenvolvimento da fala e da linguagem
- Dificuldade em aprender rimas e canções;
- Dificuldades na coordenação motora e no desenvolvimento grafomotor;
- Dificuldade em montar quebra-cabeças;
- Falta de interesse por livros impressos.
- Dificuldade na aquisição e automação da leitura e da escrita;
- Pobre conhecimento de rima (sons iguais no final das pala-

vras) e aliteração (sons iguais no início das palavras);

- Desatenção;
- Dificuldade em copiar de livros e da lousa;
- Dificuldade na coordenação motora fina (letras, desenhos, pinturas etc.) e/ou grossa (ginástica, dança etc.);
- Desorganização geral, constantes atrasos na entrega de trabalho escolares e perda de seus pertences;
- Dificuldades em nomear entre esquerda e direita;
- Dificuldade em ler legendas de mapas, localizar uma palavra no dicionário;
- Vocabulário pobre, com sentenças curtas e imaturas ou longas e vagas.

Há muitos testes que podem ser feitos para verificar as habilidades de leitura e escrita. Aprecio muito testes validados como: consciência fonológica por meio de figuras e pseudopalavras.

Em minha atuação como neuropsicopedagoga avalio etapas importantes nessa área, no qual destaco como componentes básicos para serem avaliados.

## Aspectos a serem avaliados em dificuldades na área da linguagem e da escrita

A leitura envolve a rota fonológica, que é a análise das unidades sonoras e isoladas associadas a cada grafema. No início do processo de alfabetização, é muito comum observarmos as crianças decodificando os grafemas um a um para fazer a leitura, inclusive quando nos deparamos com uma palavra desconhecida, também utilizamos a rota fonológica. A partir do momento que a palavra se torna conhecida passamos a utilizar a rota lexical.

> "O cérebro processa a leitura de palavras conhecidas muito mais rápido do que palavras desconhecidas durante o proces-

so de alfabetização. Um leitor fluente pode ler inúmeras palavras e dar significado a elas sem nunca as terem contato, pois passa a compreender o contexto da frase, diferente da criança que inicia seu processo de leitura e escrita." (Aguilar, 2021)

É muito comum ouvirmos queixas que as crianças não conseguem compreender o que leem e que precisam de alguém que explique oralmente o texto. Fato que deixa muito professores e especialistas preocupados.

Segundo Ribeiro (2020), "a situação de defasagem educacional é a mais séria que já existiu. Defasagens educacionais podem ser chamadas de históricas em nosso país! (...) A alfabetização inadequada compromete o sucesso escolar e afeta de maneira irreversível a trajetória pedagógica de nossos alunos."

Além de uma falha no processo de escolarização e alfabetização, torna-se necessária uma avaliação nesse sentido, para que não se faça um diagnóstico errado da dislexia.

Para Weiss (2001), "alterações na formalização da escrita aparecem também ligadas a problemas de origem orgânica, como os motores, que impedem a facilidade de certos movimentos, o que é comum em pacientes com lesão cerebral."

Diante desses fatos, excluir síndromes, alguns transtornos e também falhas no processo de ensino torna-se essencial para suspeitar de dislexia.

Como neuropsicopedagoga, avalio os seguintes aspectos:

- Comunicação oral: perceber como a criança se comunica, como relata fatos do dia a dia e também como compreende uma informação oral. Algumas crianças gostam de contar fatos que aconteceram na escola, em casa ou em uma brincadeira, porém é preciso repetir várias vezes para que possamos compreender este fato.

- Compreensão oral de uma história: Contar uma história curta para a criança e pedir para repetir contando os fatos. Observe a sequência dos fatos, a organização temporal e se relata pontos importantes para a compreensão.
- Nomear objetos do dia a dia: há crianças que sabem a funcionalidade do objeto, porém não consegue mencionar o nome.

Por exemplo, uma criança de 9 anos, observa a imagem da laranja, sabe que pode ser feito suco, fala que é azeda ou doce, mas não lembra o nome.

- Leitura e escrita de decodificação das palavras e pseudopalavras; utilizo uma lista de palavras conhecidas e outras que precisam ser lidas pela rota fonológica, verifica-se se há inversões de letras, aglutinações, omissões e acréscimos.
- Compreensão da leitura e da escrita: verificar se a criança compreende o que lê, se apresenta fluência na leitura e consegue registrar de acordo com a consigna e com as questões solicitadas. Verificar também o tempo em que a criança demora para escrever, além de perceber as concordâncias quanto ao gênero e número e a organização gramatical. Há crianças que escrevem sem colocar o artigo, como no exemplo a seguir crianças com 9 anos.

***O gato joga bola.***

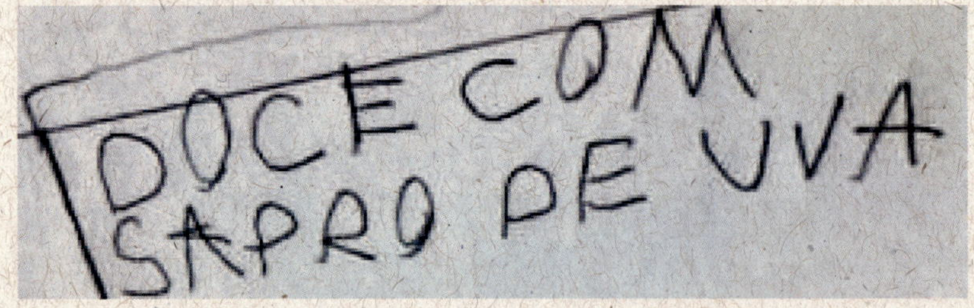


***O doce com sabor de uva.***

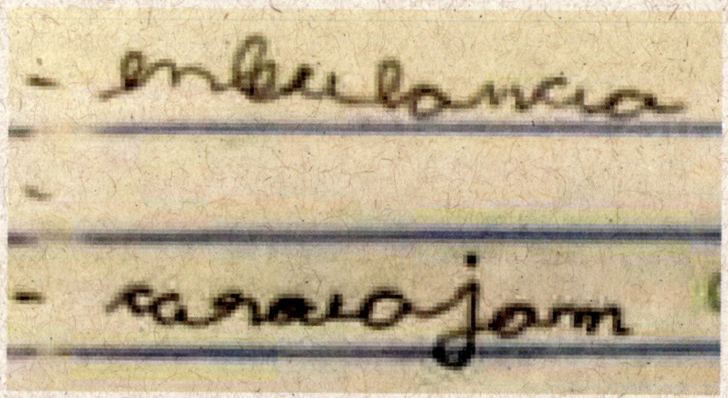

***Ambulância/ carruagem***

- Grafomotricidade: analisar o traçado de letra, se a letra é legível e compreensiva, incluindo se há espelhamento das letras e numerais. Fato que deve ser amplamente analisado, pois pode ser caracterizado uma disgrafia.
- Soletração: muitas crianças escrevem palavras quando as letras do alfabeto são ditas, ou seja, quando há soletração. Contudo, muitas não conseguem perceber os sons.
- Análise do material escolar: verificar como a criança organiza seus materiais, como copia da lousa e registra as tarefas, analisar as avaliações, cadernos e livros.
- Contato com os profissionais que acompanham a criança: conversar com outros especialistas e os professores é fator fundamental para compreender como a criança aprende diante do grupo.
- Cantar uma música: analisar se a criança consegue memorizar a letra de uma música e faz associações de rima, percebendo e diferenciando os sons.

## 25.2. Adaptação escolar

Define-se adaptação como adequação, encaixar-se a padrões estabelecidos. No que se refere a adaptação curricular também podemos definir como uma adequação do conteúdo com o objetivo de aluno aprender de forma diferente.

A famosa frase *"Crianças diferentes aprendem de forma diferente"* deveria ser introduzida em todos os campos da escola. É sabido que algumas crianças aprendem mais com estímulos visuais, enquanto outros são mais auditivos ou cinestésicos.

Compreender como a criança aprende facilita a adaptação curricular.

Por meio de experiências tanto na área escolar quanto em consultório, é perceptível a dificuldade das escolas e dos professores em realizar a adaptação curricular. Acredita-se que fazer atividades diferentes e muito distantes do resto da turma é a adaptação adequada.

Conversando com crianças que têm dificuldades na área da linguagem ou já com o diagnóstico de dislexia aparece com muita frequência uma baixa autoestima e uma incapacidade perante a turma.

Lembro-me de uma menina com 9 anos, no consultório que relatava que não entendia as letras, que achava que as mesmas *"dançavam dentro do caderno."*

É preciso analisar cada criança, pois às vezes, é necessário que haja um ledor no processo de escrita e leitura.

Atividades com imagens e enunciados mais objetivos facilitam a compreensão.

A ABD (Associação Brasileira de Dislexia) traz sugestões importantes para a adequação do disléxico em sala de aula, no qual descrevo a seguir de forma comentada.

- *Dar "dicas" e orientar o aluno como se organizar e realizar as atividades na carteira;*
- *Dividir a aula em espaços de exposição, seguido de uma "discussão" e síntese ou jogo pedagógico;*
- *Valorizar os acertos;*
- *Estar atento na hora da execução de uma tarefa que seja realizada por escrito, pois seu ritmo pode ser mais lento por apresentar dificuldade quanto à orientação e mapeamento espacial, entre outras razões;*
- *Observar como ele faz as anotações da lousa e auxiliá-lo a se organizar;*
- *Desenvolver hábitos que estimulem o aluno a fazer uso consciente de uma agenda para recados e lembretes;*

- *Na hora de dar uma explicação usar uma linguagem direta, clara e objetiva e verificar se ele entendeu;*
- *Permitir nas séries iniciais o uso de tabuadas, material dourado, ábaco e para alunos que estão em séries mais avançadas, o uso de fórmulas, calculadora, gravador e outros recursos sempre que necessário;*

(Documento completo disponível em: https://www.dislexia.org.br/wp-content/uploads/2019/04/Como-interagir-com-o-disl%C3%A9xico-em-sala-de-aula-Leis.pdf acesso em 26/02/22)

Destaco muito a importância do uso de cores em alguns enunciados e destacar o que é mais importante nos livros didáticos.

Outro recurso que costumo utilizar é a régua da leitura que delimita o espaço da leitura e facilita a compreensão.

Na atuação na clínica, o trabalho tem que ser intensificado na fragmentação e na compreensão do conteúdo.

A cada conquista, a criança precisa ser valorizada e sentir-se que é capaz de acompanhar a turma.

Valorize também as habilidades que a criança se destaca. É comum, as crianças disléxicas se destacarem na oralidade ou até mesmo em atividades teatrais.

O professor deve perceber se realmente a criança está compreendendo o conteúdo, para isso deve retomar fazendo questionamentos, certificando-se da compreensão.

Considerar as dificuldades da criança e se apropriar de formações é o primeiro passo para uma inclusão com afetividade e efetividade.

## 25.3. Transtorno de déficit de atenção e hiperatividade

Preocupar-se com a falta de atenção dos alunos é fator quase que unânime entre os educadores nas salas de aula. Relatos como os alunos estão desatentos, não prestam a atenção na aula e não se interessam trazem para os consultórios uma suspeita de Transtorno de Déficit de Atenção associado ou não à Hiperatividade.

Em um mundo tecnológico é muito comum termos alguns momentos de desatenção, seja pela quantidade de informações que recebemos ou pelo fato de sermos multitarefeiros. Isto não caracteriza um transtorno.

É fato que nem sempre este diagnóstico se confirma, o aluno desmotivado ou uma aula monótona pode acarretar alunos desinteressados pela escola.

Segundo Smith e Strick (2001), "embora os prejuízos neurológicos possam afetar qualquer área do funcionamento cerebral, as deficiências que mais tendem a causar problemas acadêmicos são aquelas que afetam a percepção visual, o processamento da linguagem, as habilidades motoras finas e a capacidade para focalizar a atenção."

As dificuldades de aprendizagem e/ou problemas neurológicos afetam a capacidade do cérebro para entender, recordar ou comunicar informações. Isto aparece com muita nitidez dentro do ambiente escolar, muitas vezes desapercebidas em casa, com a família.

É com muita frequência que ouço relatos das famílias inconformadas com a dificuldade escolar, pois dizem que em casa a criança joga videogame com facilidade ou executa uma tarefa com destreza.

Um dos fatores que influencia é o fator genético. A família, muitas vezes, associa, que em casa alguém também demonstra tais características. Outro fator importante é o ambiental, saúde, irregularidade no sono, alimentação inadequada, família numerosa, falta de estímulos na família...

Existem alguns sintomas que podem ser levados em consideração durante uma avaliação de suspeita do transtorno. Para o diagnóstico é fundamental que a criança apresente pelo menos seis destes sintomas e precisam ocorrer em vários ambientes como em casa e na escola, e também, é necessária uma avaliação cuidadosa de cada sintoma, e não somente a listagem de sintomas.

Está disponível na Associação Brasileira de Déficit de Atenção (www.tdah.org.br) em questionário denominado SNAP-IV que foi construído a partir dos sintomas do Manual de Diagnóstico e Estatística – IV Edição (DSM-IV) da Associação Americana de Psiquiátrica.

Afirmo que apenas o questionário não dará o diagnóstico correto, por isso é importante uma avaliação com outros especialistas.

**Para cada item, escolha a coluna que melhor descreve o (a) aluno (a) (MARQUE UM X):**

| | Nem um pouco | Só um pouco | Bastante | Demais |
|---|---|---|---|---|
| 1. Não consegue prestar muita atenção a detalhes ou comete erros por descuido nos trabalhos da escola ou tarefas. | | | | |
| 2.Tem dificuldade de manter a atenção em tarefas ou atividades de lazer. | | | | |
| 3. Parece não estar ouvindo quando se fala diretamente com ele. | | | | |
| 4. Não segue instruções até o fim e não termina deveres de escola, tarefas ou obrigações. | | | | |
| 5. Tem dificuldade para organizar tarefas e atividades. | | | | |
| 6. Evita, não gosta ou se envolve contra a vontade em tarefas que exigem esforço mental prolongado. | | | | |
| 7. Perde coisas necessárias para atividades (p. ex.: brinquedos, deveres da escola, lápis ou livros). | | | | |
| 8. Distrai-se com estímulos externos. | | | | |
| 9. É esquecido em atividades do dia a dia. | | | | |
| 10. Mexe com as mãos ou os pés ou se remexe na cadeira. | | | | |

| | Nem um pouco | Só um pouco | Bastante | Demais |
|---|---|---|---|---|
| 11. Sai do lugar na sala de aula ou em outras situações em que se espera que fique sentado. | | | | |
| 12. Corre de um lado para outro ou sobe demais nas coisas em situações em que isto é inapropriado. | | | | |
| 13. Tem dificuldade em brincar ou envolver-se em atividades de lazer de forma calma. | | | | |
| 14. Não para ou frequentemente está a "mil por hora". | | | | |
| 15. Fala em excesso. | | | | |
| 16. Responde às perguntas de forma precipitada antes delas terem sido terminadas. | | | | |
| 17. Tem dificuldade de esperar sua vez. | | | | |
| 18. Interrompe os outros ou se intromete (p.ex. mete-se nas conversas / jogos). | | | | |

Versão em Português validada por Mattos P et al, 2005

Segundo a Associação Brasileira de Déficit de Atenção, a avaliação deve ser feita da seguinte forma:

**1.** Se existem pelo menos 6 itens marcados como "BASTANTE" ou "DEMAIS" de 1 a 9 = existem mais sintomas de desatenção que o esperado numa criança ou adolescente.

**2.** Se existem pelo menos 6 itens marcados como "BASTANTE" ou "DEMAIS" de 10 a 18 = existem mais sintomas de hiperatividade e impulsividade que o esperado numa criança ou adolescente.

O questionário SNAP-IV é útil para avaliar apenas o primeiro dos critérios (critério A) para se fazer o diagnóstico. Existem outros critérios que também são necessários.

**IMPORTANTE: Não se pode fazer o diagnóstico de TDAH apenas com o critério A! Veja abaixo os demais critérios.**

**CRITÉRIO A:** Sintomas (vistos acima)

**CRITÉRIO B:** Alguns desses sintomas devem estar presentes antes dos 7 anos de idade.

**CRITÉRIO C:** Existem problemas causados pelos sintomas acima em pelo menos 2 contextos diferentes (por ex., na escola, no trabalho, na vida social e em casa).

**CRITÉRIO D:** Há problemas evidentes na vida escolar, social ou familiar por conta dos sintomas.

**CRITÉRIO E:** Se existe um outro problema (tal como depressão, deficiência mental, psicose, etc.), os sintomas não podem ser atribuídos exclusivamente a ele.

O diagnóstico envolve não só a desatenção, mas também a impulsividade e a hiperatividade, que tem relação direta com o córtex pré-frontal e frontal. Esse diagnóstico é clínico e deve ser muito bem analisado pelos profissionais e por uma equipe multidisciplinar.

Em sua tese de doutorado, apresentada em 2016, Vitória, ES, Jane Tagarro Corrêa Ferreira, realizou um teste com 70 crianças e adolescentes de escolas públicas e privadas.) com TDAH em uma bateria neuropsicológica para avaliar o nível intelectual, desempenho escolar, e, sobretudo as funções frontais.

Este estudo investigou o efeito do tratamento por doze meses do metilfenidato (MFD), uma medicação que possui uma ação estimulante do sistema nervoso central e é habitualmente usado no tratamento medicamentoso do transtorno do déficit de atenção e hiperatividade (TDAH). Como resultado deste estudo, o uso do medicamento apresentou melhoras em vários aspectos como memória de curto e longo prazo e memória operacional. Apesar da melhora significativa houve alguns efeitos colaterais do tratamento com o metilfenidato mais frequentes neste estudo que foram diminuição do apetite (com perda ponderal), cefaleia e dor abdominal.

O receio do uso da medicação e sua dependência causa muita insegurança às famílias. E, confesso que tenho visto um exagero na medicalização das crianças.

Diante da minha experiência, já presenciei melhoras significativas em crianças que fazem uso desta medicação como também já vi pontos negativos, principalmente uma apatia e alunos utilizando do remédio como uma “desculpa” para não se comprometer e culpando o diagnóstico de TDAH para seus fracassos escolares.

A angústia da família diante de uma suspeita ou de um diagnóstico de TDAH, chega às clínicas buscando uma solução imediata. Em contrapartida, a escola indaga que “aquele aluno”, vive no mundo da Lua, não se concentra ou não para quieto. Como resolver? Tem cura? É uma doença?

Este transtorno tem levantado muita polêmica entre estudiosos e até professores, será que é um transtorno da vida moderna? Levanto esta questão para o diagnóstico errado e, que muitas vezes, um olhar diferenciado e um planejamento efetivo e significativo dentro da escola e com estímulos adequados da família a suspeita pode ser descartada.

Muitos neuropsicólogos acreditam que estimular adequadamente a criança ou adolescente para que possam realizar ações independentes e eficientes podem trazer muitas mudanças sem o uso da medicação. E medicação sem estímulo também não funciona.

Portanto, quando há um diagnóstico correto e se confirma o TDAH, temos de ter consciência dos prejuízos para esta criança no sistema executivo central, um atraso no processo de maturação desse sistema como: iniciativa, memória de trabalho, planejamento, organização, persistência, controle de impulsos, flexibilidade mental e monitoramento.

Falhas nestas funções neurais poderão trazer para a criança ou adolescente dificuldades em iniciar uma ação, terá diminuição da motivação, dificuldades de planejamento e de manutenção da sequência de atividades necessárias a realização da meta. Todas essas funções estão relacionadas com o circuito do córtex pré-frontal. O tratamento proposto é o da reabilitação das funções cognitivas prejudicadas.

A maior queixa é que a criança distrai-se com facilidade, perde rapidamente o interesse por novas atividades, pode saltar de uma atividade para outra e, frequentemente, deixa tarefas inacabadas.

Pontos que caracterizam a suspeita do transtorno aparecem já na primeira infância, desde um sono agitado, tarefas inacabadas, déficit em atenção sustentada e seletiva, dificuldades em esperar sua vez, interrompe o professor frequentemente, agita-se com mãos e pés mesmo em situações que necessitam um foco atencional, assistir um filme no cinema, por exemplo.

Dentre os vários tratamentos e estímulos inclui-se a Terapia Cognitiva Comportamental.

As terapias cognitivas começaram a surgir por volta de 1960, devido a uma insatisfação com alguns modelos que desconsideravam o aspecto cognitivo nos processos terapêuticos. Inclusive pelo fato de não ter validação médica, isto gerou uma corrente pela busca de evidências científicas que comprovassem sua eficácia, sendo validada pelo psicanalista Dr. Aaron Beck.

> "Aaron T. Beck, MD, é mundialmente reconhecido como o pai da terapia cognitiva (TC) e um dos principais pesquisadores do mundo em psicopatologia. Ele foi creditado por moldar a face da psiquiatria americana, e The American Psychologist o chamou de "um dos cinco psicoterapeutas mais influentes de todos os tempos".
>
> (informação disponível em: https://beckinstitute.org/team/dr-aaron-t-beck/ Acesso em 15/01/2021, às 10h13)

Associados ao TDAH, podem aparecer outros transtornos como:

- Transtorno de Ansiedade
- Transtorno Bipolar
- Transtornos de Aprendizagem
- Fobia social
- Depressão
- Transtorno Opositivo Desafiador
- Transtorno de Conduta
- Uso de Drogas

- Ansiedade
- Fobias
- Transtorno de Humor

Existem vários fatores de risco como: prematuridade, gestação com alto nível de estresse, tabagismo materno, baixo peso ao nascer, além de histórico familiar.

A questão que sempre recebo é como podemos ajudar a criança em sala de aula com TDAH?

- Utilizar de uma linguagem mais objetiva e com poucos prolongamentos de assuntos e dar mais exemplos práticos, aproveitar o interesse de assunto pela criança.
- Utilizar riqueza de imagens e recursos multissensoriais.
- Despertar a curiosidade pelos assuntos que serão abordados em aula.
- Solicitar a participação da criança, mencionar o nome dela durante a explanação da aula.
- Textos mais objetivos e com marcadores coloridos.
- Ensine o aluno a priorizar, organizar e sistematizar seus estudos (criar padrão para o cotidiano).
- Explorar e promover atividades sociais.
- Deve sempre sentar-se próximo ao professor, longe de portas, janelas e paredes e que tenha pouco acesso aos barulhos externos (janelas que dão acesso aos corredores ou pátios)
- Usar sempre recursos variados para explicações.
- O uso da tecnologia pode facilitar o foco atencional tanto na escola quanto nos atendimentos clínicos.

No ambiente clínico, é fundamental que o neuropsicopedagogo ou outro especialista converse com a família orientando-a sobre como lidar com a criança e com o jovem. É muito comum que a família culpe a criança de desatenta ou “preguiçosa”.

- Mostre para a família que não é culpa de ninguém o diagnóstico;
- Incentive a família a elogiar os pequenos avanços da criança;
- Evitar de passar muitas informações ao mesmo tempo, é melhor fragmentar as solicitações;
- Estudar com a criança utilizando os recursos tecnológicos, pedir para a criança gravar um vídeo ou um áudio explicando o conteúdo que aprendeu em aula;
- Envolver toda a família na adequação, incluindo os irmãos que muitas vezes acabam não compreendendo e rotulando a criança com TDAH;
- Durante os estudos, ajudar a criança na organização da mesa, dos materiais e que possa ter um local apropriado para o estudo, longe de TV ligada, irmãos brincando ou próximos às janelas, que facilitam a distração da criança. O uso de fones ajuda muito nesse processo.
- Ensinar a família a manter o reforço positivo, com pontuações a cada conquista. Pode ser usado um cartaz no quarto da criança e colocar alguma marcação (estrelas, corações...). Combinar com a criança que a cada 5 marcações há um reforçador, que não seja conquistas materiais, mas por exemplo: uma sessão de cinema com toda família, um passeio no parque, um tempo maior no videogame ou até mesmo um doce ou um piquenique. Evitar comprar brinquedos, isto acaba sendo um reforçador negativo quando não é possível realizar.
- Fazer uma lista com as tarefas do dia e riscar as que já foram cumpridas. A agenda é um excelente recurso.

No consultório, use e abuse de estratégias para que a criança possa ter autonomia posterior.

- Utilizo muito jogos e brincadeiras que treinem o foco atencional, sempre adequando a atenção sustentada, seletiva e dividida.

- Criar recursos e apoiadores para que a criança utilize em sala de aula, como a régua da leitura, tanto para crianças com dislexia quanto para TDAH. Algumas crianças que apresentam dislexia também podem ter como comorbidade do Transtorno de Déficit de Atenção e Hiperatividade.
- Utilizar fichas de reforço positivo também no consultório.
- Uma estratégia que traz bons resultados e logo no início da sessão combinar com a criança tudo o que será realizado. Estabeleço uma lista, como no exemplo:
  - ✓ Atividades de atenção (utilização de recurso que exige maior grau de atenção seletiva, por exemplo);
  - ✓ Jogo ou brincadeira (para a criança é uma brincadeira, mas para o especialista tem um objetivo principal).
  - ✓ Retomada de atividades específicas e estratégias para manter a atenção seletiva.
  - ✓ Um jogo ou brincadeira livre. Este recurso utilizo nos 5 minutos finais.

Com esta estratégia, tenho bons resultados, inclusive organizar a próxima semana, que sempre será retomada no início da próxima sessão, além de uma ficha com autoavaliação como no exemplo a seguir:

| | 2ª feira | 3ª feira | 4ª feira | 5ª feira | 6ª feira |
|---|---|---|---|---|---|
| Participei da aula | | | | | |
| Realizei as tarefas | | | | | |
| Brinquei | | | | | |
| Segui as regras | | | | | |
| Mantive bom relacionamento com os colegas. | | | | | |

Barkley & COLS (2008), coloca que "as intervenções básicas para o TDAH envolvem: alteração do *layout* físico da sala de aula, conforme o necessário; modificação dos trabalhos acadêmicos para que correspondam às habilidades e déficits de cada criança; aumento do uso de instrução computadorizada; promoção de habilidades acadêmicas; mudança das consequências administradas pelo professor (atenção, reprimendas, fichas, tempo livre, etc.) por conduta adequada e inadequada, minimizando os efeitos colaterais adversos; programação intencional da manutenção dos ganhos do tratamento e da generalização fora do ambiente de tratamento; uso de colegas para facilitar o sucesso acadêmico e o controle comportamental; desenvolvimento de programas de reforço domésticos (boletins diários do comportamento); tentativa de aumentar o automonitoramento e o autocontrole; modificação dessas abordagens para o uso com adolescentes portadores de TDAH."

## 25.4. Transtorno do Espectro Autista

O Transtorno do Espectro do Autismo é o novo termo oficial de diagnóstico do Manual Diagnóstico e Estatístico de Transtornos Mentais, 5ª Edição (DSM-5) caracterizado ao Autista. Dentre as dificuldades que caracterizam o autismo:

- Dificuldade de comunicação - caracterizada pela dificuldade em utilizar com sentido todos os aspectos da comunicação verbal e não verbal. Isto inclui gestos, expressões faciais, linguagem corporal, ritmo e modulação na linguagem verbal.
- Dificuldade de sociabilização – é caracterizada pela dificuldade em relacionar-se com os outros, a incapacidade de compartilhar sentimentos, gostos e emoções e a dificuldade na discriminação entre diferentes pessoas.
- Dificuldade no uso da imaginação - se caracteriza pela dificuldade de compreender o faz de conta, não compreende metáforas e tem dificuldades em brincar com os objetos e imaginá-los em situações lúdicas. Ter apego anormal a um determinado objeto.

- Sensibilidade excessiva às percepções sensoriais: barulhos, determinadas roupas podem trazer incômodos, rejeição a algum tipo de alimento.
- Movimentos repetitivos com braços, pernas, cabeças. Em alguns casos, pode desenvolver o Transtorno Obsessivo Compulsivo.

Segundo o Manual de Manejo comportamental de crianças com Transtornos do Espectro do Autismo em condição de inclusão escolar, publicado em 2014, as crianças com este Transtorno apresentam, em níveis que variam de uma criança para outra:

- interesses restritos;
- pouco ou nenhum contato visual;
- ecolalia (repetição de elementos da fala);
- frequentemente não respondem quando são chamadas;
- dificuldades para expressar necessidades;
- apego a rotinas (rejeição às mudanças);
- movimentos estereotipados e repetitivos;
- frequentemente não gostam do toque físico, sentem- se incomodadas;
- podem andar nas pontas dos pés;
- autoagressão (podem morder-se, bater-se);
- preferem brincadeiras de giros ou balanços;
- podem ter habilidades específicas bem desenvolvidas;
- aversão a barulhos altos;
- dificuldades em manter e em sustentar a atenção por longos períodos de tempo;
- instabilidade de humor;
- limiares de dor elevados;

- preferências por brincadeiras relacionadas a enfileirar ou empilhar coisas;
- dificuldades em coordenação motora fina.

### Quando suspeitar?

- ✓ Contato visual pobre ou ausente;
- ✓ Regressão na linguagem e na comunicação;
- ✓ Dificuldades em reagir emocionalmente aos aspectos do dia a dia;
- ✓ Não tem reação aos estímulos;
- ✓ Histórico familiar com irmãos ou familiares com TEA

## Tratamento com atividade física e música

Como há uma grande dificuldade de interação e socialização, muitos especialistas têm utilizado a prática de atividade física como um apoio no tratamento para crianças e adolescentes com TEA.

Em estudos de atividades aquáticas demonstra que em 10 semanas, crianças com TEA teve uma melhora significativa tanto nas habilidades aquáticas quanto na interação social. (Aguiar, Pereira, Bauman, 2017)

É sabido que a prática de atividade física é fundamental para todos, e estudos também demonstram que a incidência de obesidade em crianças com TEA é comum.

Segundo artigo publicado por Silva et al (2018) inúmeros benefícios são adquiridos com a atividade física pelas pessoas com autismo. Cada atividade abaixo citada tem melhorias em aspectos diferentes:

- *Dança - que traz uma melhor coordenação neuromuscular;*
- *Técnicas de Kata (técnicas de judô) -reduzem significativamente as estereotipias;*
- *Os exercícios de estabilização do "core"- que beneficiam cabeça e corpo, que é muito utilizado também pela fisioterapia, for-*

*talecem a musculatura do pescoço, abdômen, pernas, olhos, auxiliando na falta de atenção e inteligência e melhorando de forma significativa o equilíbrio estático;*

- *Os treinos de trampolins - trazem a estabilidade força, coordenação, equilíbrio, velocidade e agilidade;*
- *Os exercícios de baixa intensidade - traz a redução do cortisol, relaxamento e melhora stress;*
- *Exercícios aquáticos/natação – evidentes melhorias para habilidades de natação; reduz comportamento antissocial;*
- *A corrida - melhor desempenho acadêmico; exercícios terapêuticos e atividades de lazer- diminui estresse, melhora produtividade, melhor interação social.*

Considera-se que é um grande desafio para os professores de Educação Física dentro do ambiente escolar, pois as aulas incluem grupos de aproximadamente 30 alunos, diferente das atividades aquáticas que geralmente são realizadas de forma individual.

O desafio inclui não apenas a socialização das atividades na quadra, por exemplo, mas também a compreensão e o cumprimento das regras, além de ganhar e o perder.

Uma característica que aparece nessas aulas em todas as crianças, mas de forma mais acentuada nos autistas é a frustração quando se perde. Nesse momento, pode aparecer crises.

Cito um caso que acompanhei durante anos dentro da escola, uma criança autista dos 4 aos 15 anos. As mudanças de rotina e de ambiente geravam crises constantes neste aluno. O fato dele chegar na escola sem ter dado o beijo na mãe gerava uma irritação constante.

No início, negava-se a frequentar as aulas de Educação Física e quando fazia, pegava a bola e andava pela quadra abraçado na bola. Se não houvesse intervenção do professor, passaria o resto da aula realizando este movimento.

Algumas estratégias foram fundamentais para o progresso e para a interação com os alunos, no qual cito a seguir, uma união entre os professores e a coordenação pedagógica resultou positivamente. Este foi um trabalho a médio e a longo prazo.

- Ir com o aluno sozinho para a quadra apenas com o professor e com a coordenação fez com que ele se familiarizasse com o ambiente e com os materiais.
- Logo no início, permitia que ele explorasse e manipulasse os materiais livremente sempre explicando a sua funcionalidade, como, por exemplo, os cones.
- Nas aulas de Educação Física, uma mediadora acompanhava o aluno e procurava realizar as atividades propostas juntamente com ele.
- O apoio dos alunos da turma também foi essencial, pois não havia discriminação e exclusão.
- Para maior socialização, foram propostas atividades que não havia vencedores, incluindo brincadeiras mais lúdicas, evitando a competitividade e favorecendo danças circulares, dinâmicas de grupo sempre envolvendo maior socialização e interação. Uma das brincadeiras que foi muito apreciada, foi o jogo de futebol de botão com tampinhas de garrafa (ver imagem a seguir).

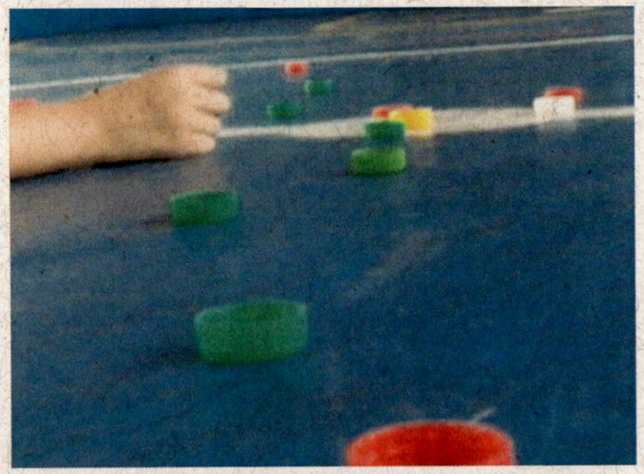

- Atividades com músicas que o aluno apreciava favorecia a interação e também a aceitação pelas atividades.

Brandalise (2013) faz uma revisão bibliográfica sobre a importância da música para o tratamento de crianças e adolescentes com TEA. O autor relata que a Musicoterapia tem sido aplicada com pessoas com TEA desde 1960. A literatura demonstra que a aplicação da música com esta população, realizada por profissionais musicoterapeutas, pode promover diminuição de crises comportamentais diminuição de resistência ao tratamento, melhora nos relacionamentos interpessoais, aquisição de liberdade expressiva, melhora na comunicação aquisição de confiança verbal e vocal, aquisição de formas de ordem rítmica melhora na produção da fala.

Em consultório, o especialista deve ter alguns cuidados desde a entrada na clínica e o bem estar das crianças com TEA.

Atendi duas crianças com TEA de 5 anos, ambas sabiam ler, porém não tinham a linguagem para se comunicar. Muitos são os questionamentos que recebo e como consegui identificar que essas crianças estavam lendo sem ter a comunicação.

Durante a execução de um jogo da memória que havia a imagem dos animais e a escrita abaixo de cada figura, percebi que os olhos da criança se voltavam para a escrita e não para a imagem. Além de ao entrarem no consultório procuravam um jogo que tinha as letras móveis.

Em uma tarefa escrevi em uma folha o nome de algumas frutas e pedi que a criança fizesse a associação. Fato que foi comprovado, segue imagem da atividade sugerida.

Como ambos não tinham um bom desenvolvimento grafomotor e de coordenação motora fina, estabeleci vários estímulos motores, no qual foi bem aceito pelos dois utilizando placas psicomotoras tanto em alto relevo quando vazadas, jogos de encaixe, cordas, perfuração e alinhavo.

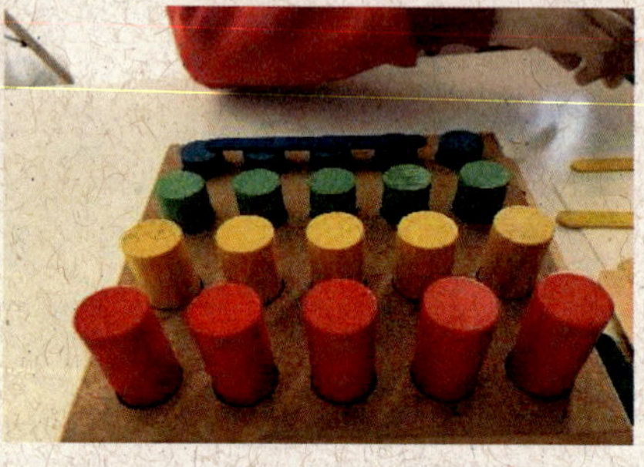

Considerar suas preferências também são bons recursos para a interação e estreitamento de vínculo entre o professor ou terapeuta e a criança.

## 25.5. Discalculia e Dificuldades em Matemática

> "Através da brincadeira envolvendo o conhecimento matemático, a criança passa a desenvolver o espírito crítico, criativo e científico.
>
> Ela passa a ter prazer nas relações com o outro e ser protagonista de seu próprio saber.
>
> Assim, consegue elaborar e resolver situações de conflito e, até mesmo de problemas que possam surgir nestas relações. Ocorre uma aprendizagem na troca de experiência com o outro. (...) Ensinar Matemática é olhar em diferentes horizontes, é acreditar em mudança."
>
> Renata Aguilar

Dificuldades na área da matemática e do raciocínio lógico não são novidades dentro das escolas, entre os alunos e até mesmo entre a equipe docente.

O que pode ser caracterizado como um transtorno ou como uma falha no processo educacional e uma má preparação dos professores pode trazer diversas confusões.

Não é de hoje que a disciplina de Matemática gera angústia e medo nos alunos. Sempre que falamos a palavra Matemática dentro de uma sala de aula, geramos dois tipos de sentimentos. Ou amor pela disciplina ou um repúdio.

Você já deve ter passado por algumas situações semelhantes quando o professor propõe algum desafio com cálculos e mesmo que saiba a resposta, acaba ficando inseguro em responder.

Os cálculos, os algarismos e muitos conceitos matemáticos são aprendidos exclusivamente dentro da escola.

Apesar de termos comprovações científicas de que desde os primeiros dias de vida temos a intuição matemática é na escola que esses conceitos são fundamentados.

A criança pequena tem a noção de qual pedaço de chocolate é maior, de quem tem mais figurinhas ou de quantos pinos de boliche ela acertou no jogo. Essa matemática intuitiva e concreta vai se perdendo no decorrer dos anos de escolaridade.

À medida que o aluno avança os anos escolares, vai se exigindo cada vez mais os conceitos abstratos e deixando de lado os jogos, a ludicidade e a utilização de materiais concretos.

Como coordenadora pedagógica, recebia várias queixas das famílias em relação aos professores de Matemática sempre dizendo que os filhos não entendem os exercícios, que a avaliação estava muito difícil ou que o mesmo não possui didática para explicar os conteúdos.

Nas séries iniciais do Ensino Fundamental, a professora polivalente ministra estas aulas e, em contrapartida, não é uma especialista na área o que em sua grande maioria, acarreta prejuízos na aprendizagem dos alunos. Infelizmente, a universidade de Pedagogia não prepara para o ensino de Matemática e o conteúdo programático é ensinado como foi aprendido há anos.

O primeiro problema é este, uma escola deficitária, com conteúdos meramente abstratos e que se ensina como foi ensinado.

Quando iniciei minha carreira no magistério por vários anos lecionei para crianças de 9/10 anos e nesta faixa etária o conteúdo é muito denso, no qual cito um exemplo que me chamou a atenção.

Numa determinada aula teria de explicar operações de multiplicação com 2 algarismos e ensinei como havia aprendido, reproduzi exatamente desta forma:

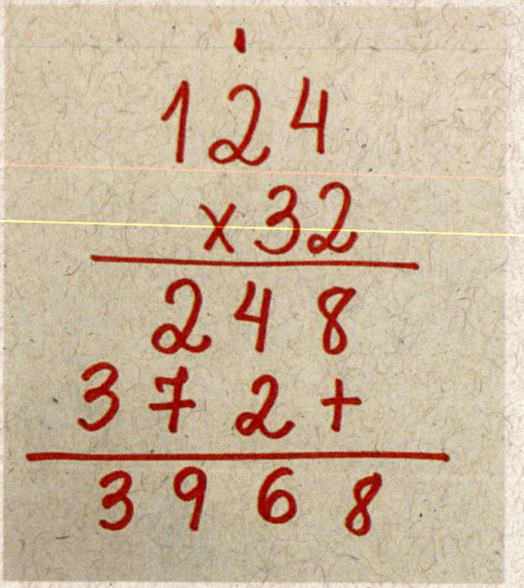

Lembro-me de um aluno que me fez a pergunta porque se colocava o sinal de + (mais) embaixo do numeral 8. Esta pergunta me deixou desconcertada, não sabia responder.

Somente depois de estudar e buscar informações, descobri que este espaço só é ocupado pelo sinal de + (mais) para que a criança não utilize a ordem das unidades, pois é uma multiplicação de dezenas.

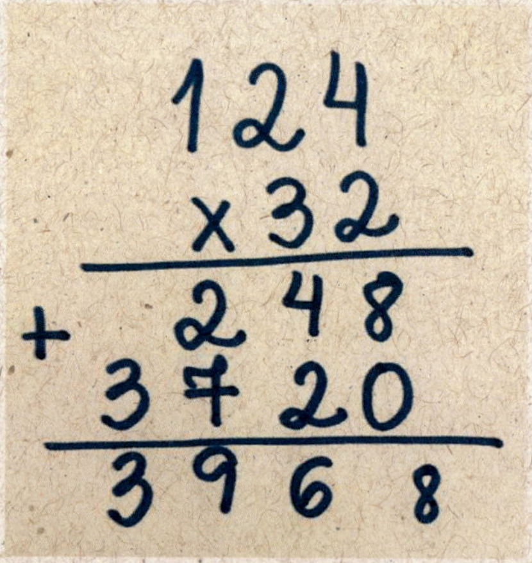

Dentro de uma inquietação, resolvi após o término na primeira graduação, cursar Matemática e compreender um pouco mais de tantas dificuldades dos alunos. Confesso que não foi neste curso que achei as respostas que buscava, mas no dia a dia da sala de aula.

Considerar que o aluno possui dificuldades em Matemática, precisamos compreender antes a forma de como ele recebe as informações. Sendo algo difícil e que apenas os mais inteligentes são capazes de fazer e resolver - é preciso romper este paradigma.

Por inúmeras vezes, vi alunos chorando na prova, com dores e passando mal, principalmente após o 6º ano do Ensino Fundamental, sendo que ali o professor especialista assumia a aula, até então a mesma era ministrada pela professora polivalente.

O que leva um aluno ter tanto medo das aulas de Matemática? O que gera ansiedade, medo ou o famoso “frio na barriga” diante de um desafio, uma situação-problema ou cálculos mais elaborados?

O que muitas vezes é desconsiderado dentro deste contexto é que a ansiedade e o medo paralisam a aprendizagem.

Em nosso cérebro há uma estrutura responsável pelas nossas reações de agressividade, paralisação diante do perigo e do medo, que é a amígdala. O que muitas vezes, os professores acreditam que é falta de empenho ou responsabilidade diante da avaliação, na verdade é a amígdala agindo com respostas emocionais.

Levar em consideração a emoção é perceber que para aprender os alunos precisam estar envolvidos emocionalmente com o professor, a escola e também com os conteúdos não podem ser descartados. Aprendemos o que tem significado, caso contrário as informações não passarão pelo filtro da memória e não haverá aprendizagem.

O vínculo que o professor estabelece com a turma e apresenta os conteúdos de forma mais afetiva e sem a pressão psicológica consegue atingir melhores resultados.

A ansiedade que temos durante uma festa de casamento, um passeio na escola é normal e faz parte da nossa espécie. Mas a partir do momento que há prejuízo tanto social quanto acadêmico é necessário ter um olhar diferenciado.

O transtorno de ansiedade generalizado também está inserido no DSM-5 (Manual Diagnóstico e Estatístico de Transtornos Mentais) e é destacado alguns critérios para diagnósticos que descrevo a seguir para estabelecer uma comparação.

A. Ansiedade e preocupação excessivas (expectativa apreensiva), ocorrendo na maioria dos dias por pelo menos seis meses, com diversos eventos ou atividades (tais como desempenho escolar ou profissional).

B. O indivíduo considera difícil controlar a preocupação.

C. A ansiedade e a preocupação estão associadas com três (ou mais) dos seguintes seis sintomas (com pelo menos alguns deles presentes na maioria dos dias nos últimos seis meses). Nota: Apenas um item é exigido para crianças. 1. Inquietação ou sensação de estar com os nervos à flor da pele. 2. Fatigabilidade. 3. Dificuldade em concentrar-se ou sensações de "branco" na mente. 4. Irritabilidade. 5. Tensão muscular. 6. Perturbação do sono (dificuldade em conciliar ou manter o sono, ou sono insatisfatório e inquieto). (DSM-5)

Os transtornos de ansiedade se diferenciam do medo ou daquela ansiedade que é necessário e faz parte do nosso dia a dia. Aquele famoso "frio na barriga" quando temos que apresentar um trabalho em público não é prejudicial.

Em crises de ansiedade podem surgir sintomas, além deste "frio na barriga". Isto que desperta sinal de alerta como:

- Tremores;
- Cansaço;
- Sensação de falta de ar ou asfixia;
- Coração acelerado;
- Suor excessivo;
- Mãos frias e suadas;
- Boca seca, tontura;
- Náuseas;
- Diarreia;
- Desconforto abdominal;
- Preocupações em excesso;

- Perfeccionismo;
- Problemas digestivos;
- Dificuldade de concentração.

Agora, pense em alunos que possuem alguns destes sintomas nas aulas de Matemática. De quem é a culpa? Dos métodos, dos livros, defasagem de conteúdos no decorrer dos anos, da escola, do professor...?

Realizei uma pesquisa com alunos de 12 a 15 anos sobre as aulas de Matemática e os resultados eram esperados.

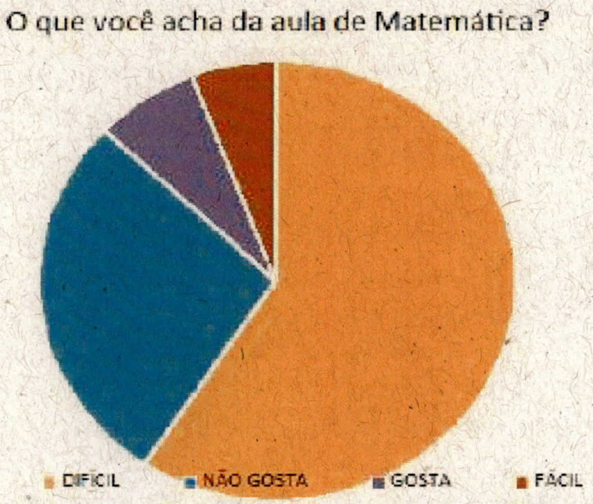


*dados coletados pela autora com 120 alunos

A quantidade excessiva de conteúdos e a repetição dos exercícios matemáticos favorecem uma queda na aprendizagem como se a criança nunca tivesse visto ou vivido os conceitos anteriormente.

A criança concretiza a Matemática em seu dia a dia, consegue estabelecer relações de quantidade, como figurinhas, pontos no vídeo game ou na partida de futebol, etc. Por que, então a escola abandona esta vivência e a experiência anterior da criança e já inicia com listas intermináveis de exercícios?

Estabelecer uma relação entre o 10 (algarismo) e o 10 (quantidade), é muito simples quando uma criança vivenciou atividades de construção do sistema numérico a partir de objetos manipuláveis, como por exemplo, com palitos ou tampinhas. Mas, quando se trata de números maiores, o sistema numérico acaba trazendo "traumas" para o aluno e a Matemática passa a ser vista como um "bicho de sete cabeças".

Para Boaler (2018), *"muitos estudantes têm uma ideia extremamente errada da Matemática. Ao longo de anos de aulas de matemática, muitos estudantes passam a acreditar que seu papel na aprendizagem dessa disciplina é memorizar métodos e fatos, e que o sucesso na matemática provém da memorização."*

É claro que esta é uma visão errada ou pelo menos deveria ser. O gráfico apresentado mostra claramente que as crianças pensam sobre as aulas.

Uma abordagem muito comum é os alunos não perceberem a importância da Matemática para seu dia a dia e o grande questionamento é que os conteúdos, após o 6º ano, não serão utilizados na vida, não há aplicabilidade. Como convencer o aluno que compreender o MMC (Mínimo Múltiplo Comum) ou MDC (Máximo Divisor Comum) será fundamental para seu dia a dia, assim como outros conteúdos matemáticos. Mas, faço uma ressalva neste ponto. As aulas de Matemática precisam ser reformuladas, caso contrário continuaremos numa escola limitada, com aprendizagem deficitária.

O ensino mecânico com exercícios infindáveis só irá trazer mais prejuízos na aprendizagem e como resultado final: notas baixas, que gera mais ansiedade que gera mais dificuldades. Um ciclo que só tem a ser fortalecido se nada for feito.

A ansiedade pela disciplina não permanece apenas dentro da sala de aula, pode acontecer em casa também. Há crianças que até tornam-se agressivas quando questionadas sobre o seu desempenho. Sentem-se mal, tem dores abdominais e dores de cabeça.

Estas reações negativas não possuem relação com discalculia ou quaisquer transtornos, estão mais relacionadas às experiências escolares. O professor e, muitas vezes, a família coloca que todas as respostas aritméticas só possuem um caminho ou uma única solução. Hoje é sabido que na resolução de problemas pode-se chegar ao mesmo resultado por caminhos diferentes.

Um outro ponto que é necessário perceber, se a ansiedade está relacionada apenas à Matemática ou também envolve outras áreas de conhecimento.

As dificuldades de aprendizagem podem aparecer em outras disciplinas, porém como a Matemática exige maior foco atencional, criatividade, organização e flexibilidade cognitiva demonstra maior intensidade do que em outras áreas. O olhar do professor ou de um especialista deve se voltar também para este ponto, pois a ansiedade não é pontual.

Quando iniciei ministrando aulas exclusivas de Matemática, ao ingressar na sala de aula logo no primeiro dia de aula já era conhecida como a professora de Matemática. Diante dos "medos" que a disciplina gerava que, certo dia, entrei na sala de aula um dia escrevendo na lousa que daria aulas de *Boatemática*, substituindo a sílaba *MA*, por *Boa*.

Além dessa quebra de paradigma, as aulas começaram a ser mais dinâmicas, criava músicas e paródias dos conteúdos, histórias de humor envolvendo situações-problema, uso de fantoches, jogos e brincadeiras e muitas atividades em dupla.

Diante dessas mudanças em aula, os resultados nas avaliações foram surpreendentes e o interesse pelas aulas aumentou muito.

Correa (1999) realizou uma pesquisa em relação a opinião dos alunos sobre diferentes disciplinas e constatou que: *"a avaliação que nossos estudantes fizeram do grau de dificuldade atribuído à Matemática mostra que a disciplina não é considerada incondicionalmente como a matéria mais difícil do programa escolar. O julgamento dos alunos parece estar intimamente relacionado às experiências didático-pedagógicas relativas à disciplina no que diz respeito não só a distribuição e sequência dos conteúdos ao longo das diferentes séries como também às diferentes formas de se propor tais conteúdos. Desta forma, pode-se supor que se estabeleça uma relação dinâmica entre as concepções que os estudantes tenham com relação à Matemática e as situações didáticas relacionadas ao seu aprendizado. Se por um lado, as experiências escolares dos alunos relativas à Matemática parecem ter importância na manutenção ou modificação dos juízos que os mesmos façam acerca da disciplina, por outro lado, a concepção que os alunos tenham da disciplina em seu programa escolar pode igualmente influenciar sua atitude em relação à disciplina bem como seu aprendizado."*

Carmo (2021), relata em sua pesquisa que:

> "erros não devem ser vistos como um desempenho apenas do aluno, e sim, como uma produção coletiva, pois só há "erros" em função de que houve a aplicação de um procedimento que pode não ter garantido ao aluno os requisitos necessários à aprendizagem. Erros não devem servir de recurso classificatório, e sim, de indicativo de que o planejamento precisa ser revisto.
>
> - Criar oportunidades de acertos: experimentar o sucesso na aprendizagem é fundamental para manter o aluno motivado nos estudos.
> - Atentar aos comandos dados nas questões de prova: elaborar comandos simples, diretos e que estabeleçam claramente o que se quer
> - Aproveitar didaticamente o momento de devolução da prova didaticamente: não simplesmente anunciar a nota, mas também comentar as questões, identificar os erros mais comuns (sem dizer quem os cometeu) a fim de dirimir dúvidas."

Em suma, é preciso considerar que a didática e a metodologia utilizadas são tão importantes e que quaisquer conteúdos podem tornar-se difíceis ou não. O vilão da Matemática pode ser amplamente desmitificado quando os professores estabelecem não apenas um plano escolar diferenciado, mas também quando há vínculo e emoção no trabalho que desenvolve.

A fim de observar cada aluno como sendo único, articular os conteúdos não apenas os que envolve operações e numerais, mas também que envolve localização, espaço, forma, desafios, jogos e muita construção, estabeleço que um dos pilares para minimizar a ansiedade e as dificuldades em Matemática é acreditar que todos os alunos são capazes de aprender, afinal não é "um bicho de sete cabeças."

Aguilar (2020), coloca em sua obra que é preciso que:

> ... a escola proporcione ao aluno atividades que ele possa ser o protagonista de sua própria aprendizagem.

> ... a escola prepare esta nova geração para criar, argumentar e buscar diferentes estratégias para resolver possíveis problemas. Não apenas os da Matemática e sim da vida.
>
> ... as aulas tenham encantamento, alegria e acima de tudo muita brincadeira, pois brincar significa alegrar-se.
>
> ... haja emoção. A emoção estimula o cérebro e facilita o caminho para uma aprendizagem significativa.
>
> *... o professor esteja engajado num movimento de aprendizagem constante, pois só podemos ensinar quando estamos dispostos a aprender.*

A partir do momento que se exclui as dificuldades escolares e todos os aspectos citados anteriormente, podemos levar a suspeita da discalculia ou acalculia.

Acalculia refere-se a uma lesão cerebral que caracteriza um transtorno específico na aritmética, nos numerais e nos cálculos.

Discalculia pode ser definido como um transtorno específico nas capacidades de matemática que inclui números, cálculos, compreensão em situações-problema, dificuldades em conceitos de medidas, sistema monetário e medidas de tempo.

A discalculia atinge cerca de 5% da população, mas as dificuldades de aprendizagem da matemática atingem cerca de 25% da população.

De acordo com o Cid-10, as dificuldades estão:

- Na compreensão dos números, sinais e termos
- Nas habilidades de contagem
- Nas habilidades computacionais
- Na solução de problemas verbais
- Em alinhar os numerais, inserir os símbolos,
- Falta de organização espacial
- Não memoriza tabuada
- Não está associada à síndromes ou deficiências auditivas/visuais
- Afeta principalmente operações básicas, mais do que geometria, trigonometria e álgebra

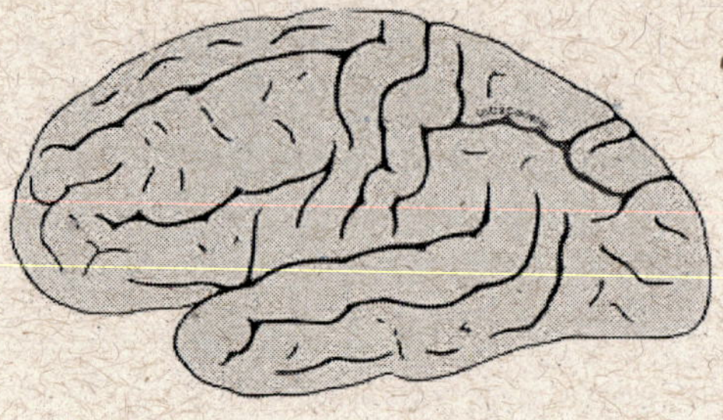

A **discalculia** aparece como uma disfunção neuronal no sulco intraparietal neuronal do cérebro.

Crianças e adolescentes que apresentam discalculia podem apresentar déficits em várias áreas das funções executivas, como:

- Foco atencional (concentração)
- Atenção dividida
- Memória operacional e de curto prazo
- Nomeação
- Planejamento
- Velocidade de processamento

Considerar-se a discalculia como um transtorno, podemos classificá-las em seis subtipos, classificados nos estudos de Kosc (1974, *in* Bernardi, 2014):

1. **Discalculia Verbal** – dificuldade para nomear as quantidades matemáticas, os números, os termos, os símbolos e as relações.

2. **Discalculia Practognóstica** – dificuldade para enumerar, comparar e manipular objetos reais ou em imagens matemática.

3. **Discalculia Léxica** – Dificuldades na leitura de símbolos matemáticos.

4. **Discalculia Gráfica** – Dificuldades na escrita de símbolos matemáticos.

5. **Discalculia Ideognóstica** – Dificuldades em fazer operações mentais e na compreensão de conceitos matemáticos.

6. **Discalculia Operacional** – Dificuldades na execução de operações e cálculos numéricos

Torna-se imprescindível verificar que quem tem discalculia não necessariamente tem os seis tipos.

## Dicas para os professores e famílias

- Fazer passo a passo de cada exercício e certificar-se que a criança está compreendendo.
- Permitir uso da calculadora
- Usar como apoio uma tabela com tabuada
- Relacionar o conteúdo com situações concretas
- Ler os problemas em voz alta, usar marcadores de cores destacando os dados do problema e a pergunta.
- Fichas de apoio com o significado dos símbolos matemáticos
- Elogie sempre
- Utilizar atividades de culinária: medidas/ tempo de cozimento
- Estabelecer um calendário e uma rotina, com dados sobre um passeio, quanto tempo falta para o aniversário, as atividades esportivas da semana...
- Fazer compras com a criança (valores, troco...)
- Organizar os brinquedos (bonecas, carrinhos...) Contar e anotar, classificar em caixas apenas as bonecas, os jogos...
- Marcar tempo (ampulheta, cronômetro, mas sem pressão e sim como desafio)
- Brincar de contar quantos carros vermelhos passam na rua.
- Brincar de memória. Fui ao zoológico e vi um macaco. Fui ao zoológico e vi um macaco, um jacaré... (aumentar gradativamente)
- Organizar a mesa com talheres e número de pessoas.

# Jogos para intervenção e estímulo

- Tangram

- Quebra-cabeça de associação com algarismo e quantidade.

- Associação com dados e quantidade. Constrói-se uma tabela (como na imagem), joga-se o dado e a criança coloca a quantidade de acordo com o numeral tirado no dado. Pode ser feito com dois dados e soma-se a quantidade.

- Uso do material dourado para associar a quantidade e fazer cálculos.

- Jogos com pareamento de cores

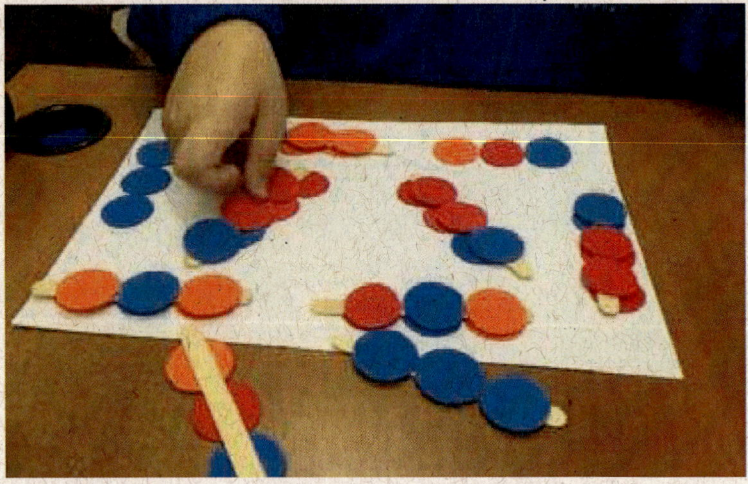

- Uso do quadro valor de lugar com fichas. A imagem retrata uma criança de 10 anos fazendo as associações numéricas e seu valor posicional.

- Comparação de quantidades utilizando materiais concretos.

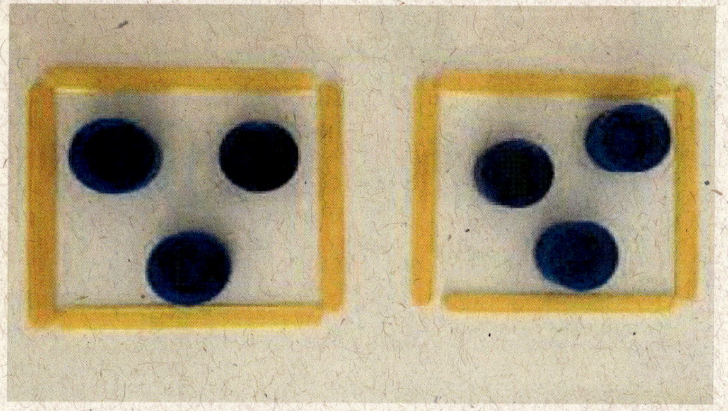

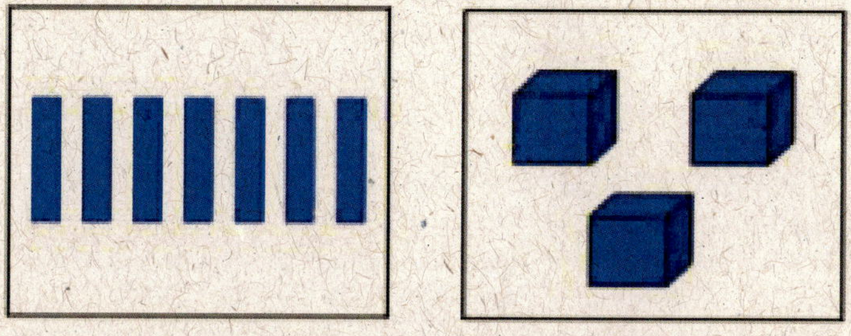

- Relação algarismo e quantidade

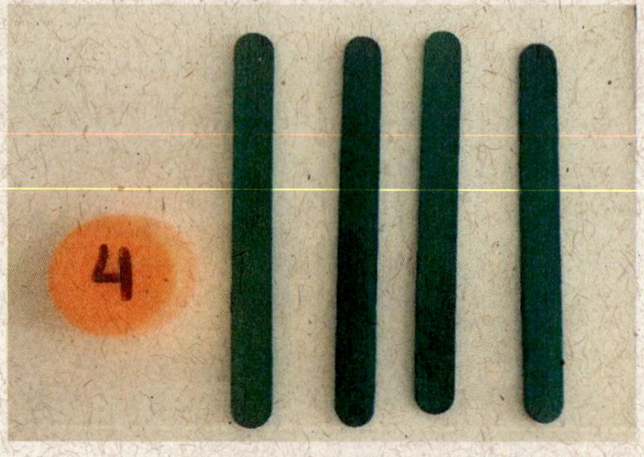


- Utilizar relógio e ampulheta para contagem do tempo.

- Montagem de um mercadinho com embalagens de produtos e dinheiro de brinquedo.

As sugestões descritas anteriormente são apenas algumas de inúmeras possibilidades para auxiliar e estimular as crianças e os jovens com discalculia.

## 25.6. Síndrome de Down

*A Síndr*ome de Down é uma alteração genética causada por erro na divisão celular, nos pares do cromossomo 21, ao invés de dois, o portador de Síndrome de Down apresenta três.

As pessoas apresentam características como olhos oblíquos, rosto arredondado, mãos menores e comprometimento intelectual.

Apresentam hipotonia muscular, o que dificulta a coordenação motora, a mastigação e deglutição.

O trabalho com essas crianças deve iniciar precocemente, não apenas com fisioterapia ou terapias ocupacionais, mas também com estímulos para a aprendizagem.

Como podem apresentar dificuldades auditivas e visuais, a alfabetização pode não acontecer. Já atendi muitas famílias na expectativa de que a criança fosse alfabetizada, o que muitas vezes a Síndrome de Down pode vir acompanhada de outras comorbidades como a deficiência intelectual.

O especialista deve ter ciência do apoio familiar, muitos pais apresentam dificuldades em aceitar as limitações da criança, não há culpados, é uma disfunção genética. Ressalto a importância dos estímulos desde muito cedo.

- Linguagem: estimular músicas, cantigas rimadas e de fácil memorização. A criança demora para concluir uma frase, portanto é necessário ter paciência e nunca completar a frase por ela. A alfabetização deve ser estimulada por meio dos sons, por isso o método fônico traz bons resultados.
- Interação social: algumas crianças tendem a se isolar ou se aproximar demais das outras o que pode causar incômodo. Tive uma criança no consultório que a forma de expressar seus sentimentos era fazer carinho e mexer nos cabelos dos demais alunos da turma. Isto gerava conflitos constantes

na sala de aula e com a professora. Quando a mesma era contrariada usava o mesmo recurso, puxando o cabelo de quem estava do seu lado. As atividades lúdicas e brincadeiras devem ser realizadas sob apoio de uma supervisão, contudo é necessário sempre conversar com a criança o que ela pode ou não fazer com as outras. Em geral, as crianças com Síndrome de Down não são agressivas.

- Psicomotricidade: atividades psicomotoras devem ser introduzidas em momentos do dia a dia desde o fato de colocar sua própria roupa, o uso de massa de modelar, alinhavos, perfuração e atividades que desenvolvam equilíbrio, lateralidade e coordenação motora ampla e fina.
- Musicalidade: crianças apreciam a música em qualquer idade e são capazes de aprender a tocar um instrumento desde que incentivadas e estimuladas. O mesmo deve acontecer com a dança e atividades artísticas e teatrais.
- Adaptação curricular e atividades em grupo na escola devem ser realizadas de forma a garantir tanto os aspectos sociais quanto cognitivos. Se faz necessário um plano de desenvolvimento individualizado feito por uma equipe multidisciplinar.

O neuropsicopedagogo/ psicopedagogo contribuem muito para a elaboração deste plano que auxilia muito a escola e os professores.

# 26

# ANAMNESE E DEVOLUTIVA ÀS FAMÍLIAS

Para quem está iniciando como psicopedagogo/neuropsicopedagogo podem surgir momentos de insegurança e muitas dúvidas:

Que tipo de atitude o profissional deve assumir? Deve se defender? Evitar o contato? Evitar o conflito? Evitar se expor?

Se você está iniciando como terapeuta é fundamental perceber que tem que estar em constante aprendizado, como algo novo. Com o passar do tempo muitas habilidades já ficam mais incorporadas e você passa a ter um olhar mais apurado.

Um ponto que destaco como uma orientação é buscar sempre se aprimorar com cursos complementares e também com uma supervisão de um terapeuta mais experiente.

Algumas sugestões descritas, a seguir, ajudam muito o terapeuta que inicia este caminho como:

a. Traçar objetivos menores e bem definidos, possíveis de serem realizados;

b. Valorizar os pequenos avanços tanto do paciente quanto do terapeuta;

c. Evitar comparar-se com terapeutas mais experientes, porém buscar supervisão e troca de conhecimento sobre determinado paciente podem ajudar muito;

d. O próprio terapeuta pode experimentar a terapia eliminando seus pensamentos disfuncionais e suas próprias crenças. Anote seus pensamentos e compare com seu paciente;

e. O registro é necessário tanto das emoções quanto do desempenho nas atividades propostas. Planilhas de avanços são importantes para estabelecer os avanços;

f. Gravar as sessões e depois compartilhar com algum terapeuta mais experiente são fundamentais. Não esqueça de ter uma autorização da família por escrito sobre este procedimento.

g. Aprimore seu conhecimento, faça cursos, participe de palestras...

## RELAÇÃO PACIENTE-TERAPEUTA

Acreditar que não vai dar certo é um caminho extremamente perigoso, mesmo o terapeuta sendo iniciante é preciso traçar objetivos e metas bem definidas e acreditar nos pequenos ganhos.

Quando você estabelece metas e objetivos definidos é possível verificar e mensurar os avanços do paciente. Mas para que tudo isto seja efetivo a relação terapeuta e paciente podem trazer os resultados positivos na terapia.

Criar uma relação de empatia e confiança favorece um vínculo positivo entre ambos.

a. Relação empática entre paciente e terapeuta.

b. Escolha das palavras: ter cuidado ao falar com o paciente, algumas palavras podem favorecer o tratamento, incentivar, cooperar e compartilhar dos pensamentos automáticos são fundamentais. Assim como palavras ríspidas que não compreendem a realidade do paciente podem trazer problemas e até o abandono do tratamento.

c. Tom de voz: palavras ditas com tom de voz agressivo, sem paciência e sem relação empática também podem prejudicar a eficácia do tratamento.

d. Expressões faciais e linguagem corporal: você deve ter ouvido a expressão: *"o corpo fala"*, através da postura do terapeuta pode mostrar ao paciente que o mesmo está interessado em seus problemas e que demonstra segurança nas suas ações, é preciso mostrar compromisso e compreensão no que o paciente traz para o consultório.

e. Demonstre que você valoriza o paciente e quer ajudá-lo, inclusive que já teve pacientes com os mesmos problemas/transtornos e se necessário compartilhe o tratamento. Isto refere-se também a família, sempre passando segurança do tratamento e das intervenções.

f. Monitore o tempo, muitas vezes as intervenções do terapeuta são necessárias para não mudar o objetivo inicial.

## SESSÕES TERAPÊUTICAS

As sessões terapêuticas devem ser muito bem planejadas e organizadas antes mesmo do paciente entrar no consultório, mesmo que haja alguma mudança no decorrer da sessão conforme o paciente traz as informações. Aconselhamos que a sessão deve durar em média de 45 a 50 minutos, semanalmente. Em alguns casos sugere-se duas vezes por semana.

a. Verificar os registros e suas anotações.

b. Planejar a sessão com antecedência retomando a avaliação inicial.

c. Cada sessão deve passar pelas três partes: inicial, intermediária e final.

d. Registrar todas as sessões ou gravar para que possa depois verificar o avanço do paciente.

e. Anotar as ações, as dificuldades e facilidades do paciente.

O primeiro ponto a ser preenchido pelo terapeuta é uma ficha de anamnese, sendo que há coleta de dados do maior número de informações. Numa ficha de anamnese, deve conter:

a. Dados pessoais

b. Dados familiares

c. Ficha de saúde

d. Histórico familiar, escolar e social

e. Histórico de tratamentos anteriores: caso haja solicite relatórios de outros especialistas.

f. Descreva a rotina diária do paciente.

g. Qual a queixa inicial e problemas atuais.

h. Descreva o que o paciente faz nas horas livres.

i. Histórico da infância (caso em crianças, conversar com a família sobre o desenvolvimento de linguagem, motor, social...)

j. Verificar a interação do paciente com a família.

k. Pontos importantes para serem complementados.

Sartorio e Feldman (2019), desenvolveram o PROANA (Protocolo de Amamnese), no qual relatam a importância da qualidade da Amamnese, pois as informações coletadas serão importantes para a intervenção.

O primeiro contato com a família, mesmo que seja por telefone, é fundamental ser anotado. Desde a procura e a forma como a família já expõe o problema.

## Estrutura das sessões

As estruturas das sessões são bem parecidas para quase todos os transtornos, porém são distribuídas em três partes:

a. Introdução: restabeleça a relação paciente e terapeuta e avalie os progressos.

- Questione como foi a semana do paciente, deixe que ele fale como foi a semana na escola, com os amigos e com a família. Pratique a escuta ativa.
- Dependendo da faixa etária da criança, é possível mostrar como será a sessão e estabeleça a rotina daquele encontro.
- Acolhe o paciente e proponha atividades prazerosas logo no início.

b. Parte intermediária: esta é a parte principal, propor atividades interventivas de acordo com a queixa inicial e com o diagnóstico.

Dependendo da idade da criança e das limitações, procuro intercalar com atividades lúdicas e prazerosas. Lembre-se a criança deve vir para os atendimentos com prazer, mesmo que em alguns momentos seja mais cansativo ou exija maior grau de comprometimento por parte dela. Sempre explico o que fizemos e o quais são os progressos alcançados.

A criança ou adolescente que chega ao consultório tem autoestima baixa e, muitas vezes, sente-se incapaz perante aos colegas da turma. O psicopedagogo/ neuropsicopedagogo deve ter um olhar muito atento.

O vínculo entre o terapeuta e o paciente deve ser mágico, é fator determinante para o sucesso. O terapeuta deve ter ciência de sua responsabilidade nesta relação e nas intervenções adequadas, por este motivo a supervisão de um outro terapeuta e de uma equipe multidisciplinar pode ajudar muito no processo e na construção das sessões.

c. Parte final: Neste momento, procuro conversar com a criança sobre o que fizemos e a ouço como ela sentiu-se, o que achou das atividades e traçamos a semana da criança. Permito que a criança também escolha um brinquedo do consultório para brincar livremente. Apesar de ser uma parte mais livre, o terapeuta deve anotar e registrar as emoções da criança, o motivo pelo qual escolheu determinado brinquedo e como reagiu.

# 27

# RELATÓRIOS E ATENDIMENTOS

Dentre os relatórios que utilizamos tanto na escola quanto em clínicas, deve ter informações importantes e claras.

O primeiro documento que deve ser feito é a anamnese, que deve ser feito sem a presença da criança, preferencialmente com o pai e com a mãe. Algumas famílias acabam solicitando que outro cuidador faça este papel, uma avó por exemplo. Acredito ser interessante o contato com o cuidador da criança, mas o primeiro contato com os pais deve ser primordial.

Em alguns casos, pode surgir problemas com os pais. Em caso de pais divorciados e que o contato com um deles é muito difícil. Insista, mesmo que atenda em horários diferentes que ambos não se encontrem.

Já tive experiências que os pais começaram a discutir entre si durante a anamnese, uma agressão verbal bem acentuada, um culpando o outro. Neste momento, sua intervenção deve ser precisa e assertiva.

Casos como mãe que não tem contato com o pai biológico ou vice-versa. Contudo, não deixe de buscar o maior número de informações sobre a criança. Ainda neste quesito, faço contato com a escola e com outros especialistas que atendem ou atenderam a criança.

Após todas as informações contidas elaboro um plano para as primeiras sessões.

O primeiro contato com a criança é primordial para estabelecer o vínculo. Você pode ter crianças que se negam a entrar no consultório sem a presença da mãe ou do cuidador, crianças que choram ou se agridem fisicamente. Motive a criança, mostre o consultório, os materiais. Já atendi crianças que nos três primeiros encontros não consegui aplicar os testes, foram momentos de acolhimento, estabelecer vínculo e confiança. Posteriormente, os resultados foram acontecendo.

Solicite relatórios para a escola e para outros especialistas, arquive no prontuário da criança.

Para uma avaliação podemos considerar de 6 a 8 sessões. Após este período, passe uma devolutiva à família. A devolutiva dever ser feita preferencialmente presencial e entregue um relatório das informações obtidas, demonstre para a família o que foi avaliado, os resultados e as intervenções futuras.

A sua segurança na transmissão das informações é de extrema necessidade para que a família construa também um vínculo com seu profissionalismo. Tenha ética nesta devolutiva. Não fale mal do pai ou mãe, da escola ou dos terapeutas anteriores. Oriente e tranquilize a família.

Você só pode fazer solicitações, por exemplo de uma troca de escola, quando já fez as intervenções, já possui resultados positivos ou negativos com a criança, já teve contato com a escola algumas vezes e conclui que o melhor seria uma mudança de escola.

O relatório da avaliação deve ser entregue à família e a escola. Caso a criança faça acompanhamentos com outros especialistas entre em contato e estabeleça um trabalho em conjunto, inclusive se há suspeita de algum transtorno. O diagnóstico deve ser feito sempre por uma equipe multidisciplinar.

Durante o atendimento, caso perceba necessidade solicite novamente a presença da família, oriente-a sobre condutas, organização de horários de estudo e da agenda da criança.

É muito comum, o terapeuta ter que ajudar na organização da semana. Crianças que fazem inúmeras atividades, uma agenda cheia e que estão sobrecarregadas com tarefas extras comprometem o rendimento.

Cada criança e família é única, não há uma receita pronta. O que funciona para uma família pode ser prejudicial para outra. Cabe ao terapeuta analisar cada caso e fazer as intervenções necessárias.

Finalizando sempre o contato com um comprometimento, a família toda precisa estar ciente das dificuldades do paciente e mudar algumas condutas e estratégias dentro de casa e a relação com cada membro da família.

# 28

# ESTUDO DE CASO E JOGO DAS EMOÇÕES

O estudo de caso descrito a seguir foi realizado num período de 4 meses em escolas públicas de Educação Infantil. O objetivo principal era demonstrar como a atuação do neuropsicopedagogo é fundamental também nas escolas e nas instituições. O estudo fez parte de uma dissertação de mestrado de própria autoria.

O objetivo do projeto foi demonstrar, analisar e refletir sobre as bases teóricas de neuropsicopedagogia e a sua relação com a afetividade tomando como base os aspectos escolares, além de observar a relação do aluno, do professor, como a afetividade, o vínculo entre eles e a análise de atividades que desenvolvam habilidades socioemocionais.

Durante o desenvolvimento da pesquisa problematizou -se: De que maneira é possível melhorar o processo de ensino e aprendizagem dessas crianças e sua socialização entre os pares?

Uma das possíveis soluções foi à aplicação de atividades lúdicas por meio de desenhos, contação de histórias, jogos e brincadeiras, musicalização e aplicação de um jogo chamado: Jogo das emoções, elaborado especificamente para o desenvolvimento dessa obra.

Os procedimentos analisados são descritos a seguir com os resultados obtidos.

## 1º instrumento - Contação de histórias

Crianças pequenas podem ter dificuldades em criar vínculos com pessoas desconhecidas tanto na escola quanto na família. E, pelo fato das crianças serem pequenas e não terem contato com a pesquisadora, a mesma fez a opção de criar um vínculo com as duas turmas analisadas, por meio de contação de histórias.

Nesse primeiro contato, foi realizada uma conversa com as turmas analisadas, sendo alguns questionamentos, se as crianças gostavam de histórias, suas preferidas e quais já tinham ouvido. Fez perguntas também do que mais gostavam de brincar e comer. Esta foi uma conversa informal, as crianças falaram seus nomes e, algumas até falaram sobre a família, os irmãos...

Com recursos visuais, fantoches, contei uma história sobre um menino de 5 anos que não tinha amigos e que sua avó o ajudou a superar o medo de ficar sozinho. A história está contida no livro Lidando as emoções- histórias, publicado em 2021. A história encontra-se em anexo.

Aguilar (2021), aborda que quando um professor narra uma história, junto aparece o encantamento e o envolvimento, desde a mudança no tom de voz, ou simplesmente um olhar direcionado para o olhar da criança, isto aproxima. Ao ouvir uma história nossos neurônios se conectam. Há uma conexão entre o emissor e o receptor, a ligação entre a mensagem, o tom de voz e até um gesto.

As histórias estão presente na vida desde os primórdios e o quanto é possível verificar pessoas com mais idade relatarem as histórias contadas ao redor da fogueira.

O fato de contar histórias, me aproximou da turma sendo que ao final da história, as crianças se levantavam mexiam nos bonecos, cenários e fantoches. Após a contação da história, as crianças receberam uma folha de sulfite e diversos lápis de cor, no qual registraram as partes que mais gostaram.

Neste início, as turmas demostraram curiosidade, porém não houve manifestação emocional. O que mudou completamente quando coloquei um avental para contar a história. Algumas crianças levantaram e foram colocar as mãos nos fantoches. Reações de alegria e curiosidade estavam presentes.

***Avental para contar histórias com bolsos na frente. Imagem autoral.***

A história relatava a vida de um menino de 6 anos que não tinha amigos, chorava ao ir para a escola. A avó o ajudou a superar a dificuldade contando uma história do elefante que não tinha amigos. Este recurso foi utilizado para verificar o que as crianças pensavam a respeito da amizade e se compreendiam a abstração da mesma.

A seguir destaca-se imagens dos recursos utilizados e dos desenhos realizados pela turma. Foram selecionados alguns registros.

***Menino que não tinha amigos***

***Professora que ajudou o menino a superar os medos e ter amigos na turma***

**Avó do menino**

***Avó que contou a história da elefanta que não tinha amigos***

***Personagens que apareceram na história***

Após a contação de história, entreguei uma folha de sulfite para cada criança. A solicitação foi que as crianças desenhassem o que mais gostaram da história. Enquanto desenhavam, a pesquisadora conversava com as crianças e perguntava o que estavam desenhando, o que mais gostaram, seus personagens preferidos. Na mesa de cada uma havia uma placa com o nome, no qual muitos precisaram consultar este recurso para escrever seu próprio nome.

Poucas crianças escreviam seu próprio nome com autonomia, fato que chamou a atenção pela faixa etária da turma.

Segundo a BNCC (2017), as crianças já devem ser autonomia para escrever seu próprio nome por volta dos 5/6 anos.

Dos desenhos realizados pelas crianças, alguns trazem informações importantes de como cada criança interpretou a história oral e depois conseguiu reproduzir. Destaca-se alguns desenhos discriminados a seguir, no qual se faz uma análise posterior dos mesmos.

Tanto em clínicas quanto em instituições, o primeiro encontro é sempre carregado de ansiedade por ambas as partes. Há muito do desconhecido a ser percorrido. Todo profissional que trabalha com crianças deve saber que é indispensável um espaço para as crianças brincarem e se comunicarem. O uso de situações lúdicas é mais uma possibilidade de se compreender o funcionamento dos processos cognitivos e afetivo-sociais em suas interferências mútuas. (Weiss, 2001).

Dentre os objetivos específicos, destaca-se os seguintes, no qual faz-se uma análise com os dados obtidos.

## Interpretar e comparar os testes aplicados e seus resultados

Como avaliar as crianças por meio das reações e comportamentos expressos pelas turmas diante das situações de conflito? Ao contar a história, O menino que não tinha amigos, notou que, na turma A duas crianças não esboçaram nenhum tipo de reação, diferente do restante dos alunos e na turma B foram três alunos.

Apesar de não interagirem com a história e com os personagens, ambos demonstraram apatia, sendo que um deles abaixou a cabeça e fechou os olhos. Essa criança, segundo a professora, há uma suspeita do Transtorno do Espectro Autista e os outros desviavam o olhar, ou apenas observaram.

Nesse ponto, o neuropsicopedagogo possui dados importantes e consegue estabelecer um comparativo entre as turmas e os alunos. Um outro aluno, que já possui o diagnóstico demonstrou uma agitação maior comparado com a turma. Levantava da cadeira e queira mexer no avental de histórias ou nos bonecos. Enquanto a história estava sendo contada, espontaneamente, a professora intervinha em relação ao comportamento, solicitando que o mesmo sentasse e ficasse quieto. Após o momento da contação de história, as crianças foram orientadas a reproduzirem numa folha de sulfite o que mais gostaram da história.

Durante a execução, o resultado de compreensão da história dessas crianças foi muito diferente do restante dos alunos em ambas as turmas.

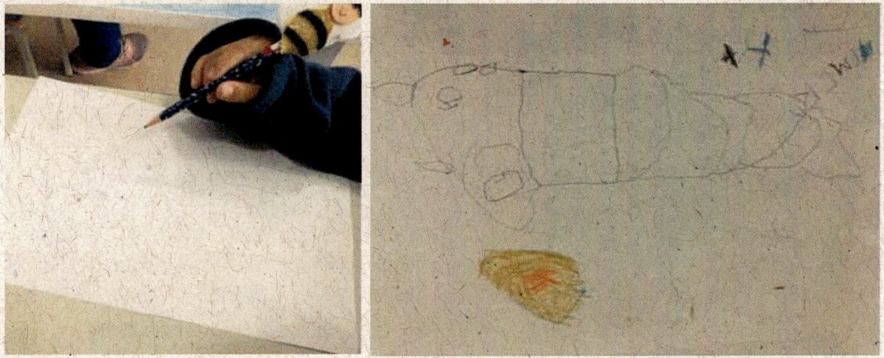

***Figura 1 - Criança de 5 anos que apresenta suspeita de autismo***

***Figura 2 - Criança de 5 anos***

É possível perceber e notar que a posição de preensão do lápis chama a atenção na figura anterior. Enquanto os demais alunos realizavam seus registros semelhantes a da figura 2. Esta comparação se deu tanto na coordenação motora fina, quanto nos traços dos desenhos.

Outro ponto a destacar foi a legibilidade dos desenhos, os traços, cores e formas usadas para representar a história.

Quando a criança age, pinta, desenha, ela o faz com o corpo todo. A sua expressão acontece em sua totalidade de ação e emoção, vibração e sentimentos. (Rabello, 2013).

A figura humana é muito estudada como uma das primeiras etapas de avaliação do neuropsicopedagogo, psicólogo, psicopedagogo e até pelos professores.

Para Rabello (2013), há detalhes que surgem por volta dos 5 anos como dedos das mãos e dos pés, apesar de muitas vezes não usar as proporções normais e reais, pois, na maioria das vezes, a emoção ou afetividade que define os tamanhos das figuras, assim como a localização no espaço da folha, aproxima ou afasta de acordo com a afetividade. E, por volta dos seis anos, os desenhos recebem influência cultural e a criança coloca a figura humana dentro de uma cena utilizando cores próximas das reais, como é possível observar nas próximas imagens com as cores do tronco da árvore e sua copa.

Correia (2016) relata que a criança ao desenhar desenvolve a autoexpressão e atua de forma afetiva com o mundo, opinando, criticando, sugerindo, através da utilização das cores, formas, tamanhos, símbolos, entre outros.

Ao observar as imagens a seguir, faz-se uma análise de acordo os autores Rabello (2013), Piaget e Vygotski.Piaget coloca que por volta de 5 e 6 anos a criança começa a estruturar seu desenho com a linguagem (bonecos, flores, girinos, sol, etc). Importante ressaltar que a grande maioria dos desenhos realizados com as duas turmas destaca-se a cor da pele, semelhante aos dos personagens apresentados na história. Weiss (2013), cita que não se pode interpretar os desenhos dentro de regras rígidas e ainda reforça que para Piaget o desenho é uma forma de função semiótica que retrata uma imagem mental, que partilha como uma imitação do real.

***Nesta figura é possível observar a centopeia em tamanho maior, que aparece na história como ajudando o elefante, que também não tinha amigos, assim como o menino. Percebe-se que na figura humana os pés e as mãos ainda não aparecem e o corpo assemelha-se a formas geométricas.***

***A presença do Sol representa a figura do pai, e ao ser colocada no centro da folha, que pode demonstrar um bom relacionamento entre pais e filhos.***

***A figura ao centro representa a avó, que teve o papel fundamental para ajudar o neto. Já a árvore com frutos pode representar que a criança está bem.***

***Nesta figura, mostra os braços muito longos que podem indicar a necessidade ou a vontade de abraçar as pessoas. E o fato de apresentar no braço esquerdo uma possível duas mãos, que tanto pode representar a que agrada e afaga ou a que agride e rejeita. Além da ausência dos pés e pernas que representam o caminhar.***

Tanto o psicólogo quanto o psicopedagogo, que amplia-se atualmente para o neuropsicopedagogo, tem habilidades para trabalhar com a criança através do desenho infantil, pois é através de um processo avaliativo e não só do desenho isolado, que estes profissionais podem detectar algo importante que a criança esteja tentando nos transmitir. Por meio deste processo, pode-se detectar, por exemplo, problemas emocionais, comportamentais, escolares, no âmbito familiar, depressão, entre outros. (Correia, 2016)

***Figura A***

***Figura B***

Os desenhos acima, referem-se às crianças que demonstraram desinteresse pela história. Na figura A, a criança demonstrou apatia enquanto a pesquisadora contava a história. A criança referida à figura B, demonstrou agitação durante a história, levantava da cadeira e quería tocar os fantoches e o avental de histórias da pesquisadora. Segundo Rabello (2013), ambos desenhos estão aquém do esperado para a faixa etária.

Em contato individual com a criança da figura A, que está sendo nomeada por W. possui diagnóstico de autismo desde os 3 anos, a mesma faz acompanhamento com um fonoaudiólogo. A criança possui 5 anos, e não é verbal. Para se comunicar necessita do toque, em alguns momentos, solicita o que quer pegando a mão da professora ou da pesquisadora.

## 2º instrumento – Observação

A observação da sala de aula, a reação dos alunos e o vínculo entre o professor pode trazer informações importantes que agregaram aos resultados obtidos. Para a realização desse instrumento foi registrado as respostas dadas pelas crianças e o respectivo envolvimento com a aula.

## 3º instrumento – Observação em áreas livres

Foi realizada uma observação da turma em áreas livres, no parque, na aula de música e no refeitório. A percepção e as ações das crianças nas áreas livres, a interação entre os pares durante as brincadeiras e nas aulas de música foram importantes para a comparação das reações em diferentes espaços físicos.

## 4º instrumento – Roda de conversa

O desenvolvimento de roda de conversa é fundamental na Educação Infantil. Durante a roda de conversa, a criança desenvolve a comunicação, autonomia, o respeito a diversidade, o a imaginação e aprende. O diálogo é fundamental, pois favorece que a criança passa organizar suas ideias, pode expressá-las e problematizá-las, e até mesmo transformar sua opinião, criação de novas ideias e reflexão sobre diferentes temas trazidos na roda. As crianças têm a liberdade de expressão, podem sanar suas dúvidas e curiosidades, compartilhar saberes, experiências, tristezas e alegrias, em um processo de diálogo e aprendizagem que envolve a fala e escuta do outro. (Pedroso, 2019).

# CONCLUSÃO

A aprendizagem acontece de forma mais efetiva quando há um destaque para as habilidades socioemocionais, a empatia e o vínculo que as crianças exercem com o professor.

Diante do aumento significativo de crianças e jovens com dificuldades de aprendizagem e defasagem acadêmica, como resultado das aulas remotas e do fechamento das escolas por causa da pandemia de 2020/2021. A atuação do neuropsicopedagogo e psicopedagogo tornou-se essencial tanto na escola quanto em consultórios.

As pesquisas mostram o quanto ainda as crianças pequenas não estão com todas as funções executivas formadas, fato que o controle inibitório, importante para eliminar os distratores e focar a atenção em uma determinada atividade foi ponto de destaque na pesquisa.

Aulas mais dinâmicas, em que as crianças são protagonistas, podem falar e ser ouvidas são pontos que devem ser considerados dentro da escola. Nesse ponto, o papel do neurospicopedagogo pode contribuir tanto na orientação das condutas dos professores quanto uma organização e seleção das atividades a serem aplicadas para as crianças.

A atuação deste profissional deve levar em consideração muito estudo, pesquisa e aplicação sempre voltada para a ética com o objetivo principal de contribuir para as intervenções afetivas e efetivas.

# ANEXOS

## História da Amizade

Juca estava se sentindo muito sozinho, ele via seus amigos brincarem, mas não tinha coragem de ir brincar junto.

Ele sentia-se triste e o silêncio em seu coração era enorme. Parecia que seu coração estava frio. Não tinha ninguém para brincar e nem conversar.

Podemos sentir solidão quando estamos sozinhos ou mesmo quando estamos rodeados de pessoas, a solidão está em nosso coração e em nossa mente.

Sentir assim não é bom, pois nossos pensamentos ficam cheios de floquinhos negativos.

O dia fica mais escuro, nublado, mesmo que o Sol apareça não conseguimos enxergar as coisas boas ao nosso redor.

Nosso amiguinho queria muito que esta sensação passasse, mas não sabia como. Seu coração ficava cada vez mais frio e os floquinhos negativos estavam aumentando.

Ele já não queria mais ir para a escola e nem sair debaixo das cobertas. Tinha vontade de chorar.

Para pensar: O que podemos fazer para ajudar o Juca? Pense um pouquinho e vamos tentar ajudar. Vamos ver como alguém muito importante conseguiu ajudar nosso amiguinho.

Juca ainda continuava muito triste e sentia-se ainda sozinho e pediu ajuda para sua avó.

A avó o incentivou a pedir ajuda para a professora, mas Juca não teve coragem, então a avó contou uma história para o neto que foi a seguinte:

Numa floresta distante havia um elefante que sentia-se muito sozinho. Ele resolveu procurar alguém que lhe desse atenção. Passou por vários caminhos, alguns escuros, outros cheios de curvas.

No caminho, começou a chover muito e ele encontrou um tronco velho onde resolveu se esconder.

Após passar a chuva deu de cara com uma formiguinha e, logo abaixou para conversar com ela.

A formiga nem deu bola, o elefante já estava muito triste, quando escutou um barulho vindo de uma caverna.

***Para pensar:*** como será que o elefante está se sentindo? O que você faria para ajudá-lo?

O elefante continuou a caminhar, quando viu um rio. Ele tinha que atravessar o rio pulando entre as rochas. Então, uma centopeia ajudou o elefante.

Após atravessar o rio aparece uma girafa. O elefante tenta conversar com ela, porém ela é muito alta e ele tem que subir num morro.

Ao encontrar a girafa que surpresa! Lá embaixo, esperando por ele estavam muitos amigos.

Depois dessa história, Juca sentiu-se melhor e teve coragem de pedir ajuda para a professora, que prontamente ajudou seu aluno.

Juca já sentia-se bem melhor, seu coração estava ficando cada vez mais quentinho.

Para terminar a aula com toda esta alegria, a turma cantou uma música bem divertida.

# REFERÊNCIAS


Abreu, P. M. J., et al. (2015). *A Pobreza e a Mente: Perspectiva da Ciência Cognitiva.* Walferdange, Luxembourg: The University of Luxembourg.

Aguilar, R. (2021). *Neurociência aplicada à educação. Caminhos para facilitar a aprendizagem na sala de aula*. Editora Edicon. São Paulo.

Aguilar, R. (2017) *Jogos e Brincadeiras para desenvolver os conteúdos programáticos por meio de uma abordagem psicopedagógica* Edicon. São Paulo.

AGUILAR, RENATA. *Como transformar as aulas de Matemática em aulas de Boa...temática.* São Paulo: Editora Edicon, 2020.

Alves, M.A., (2019) *Cognição, emoções e ação nas ciências humanas e sociais. In: Cognição, emoções e ação [online]. São Paulo: Cultura Acadêmica; UNICAMP; Centro de Lógica, Epistemologia e História da Ciência*, pp. 246-357. CLE collection, vol. 84. ISBN: 978-85-7249-019-1. Available from: http://books.scielo.org/id/hcrqt/pdf/alves-9788572490191-17.pdf. https://doi.org/10.36311/2019.978-85-7249-019-1.

Almeida et al. (2018). *Educação infantil e desempenho cognitivo e socioemocional. Revista Psicopedagogia, 35*(108), 281-295. Recuperado em 27 de dezembro de 2021, de http://pepsic.bvsalud.org/scielo.php?script=sci_arttext&pid=S0103-84862018000300004&lng=pt&tlng=pt.

AMERICAN PSYCHIATRIC ASSOCIATION - APA. *Manual diagnóstico e estatístico de transtornos mentais:* DSM-5. Porto Alegre: Artmed, 2014.

Anauate, C. e Glozman, J. (2012) Neuropsicologia aplicada ao desenvolvimento humano. Editora Memnon. São Paulo

Ângela Mathylde Soares, Rosana Mendes Ribeiro, Simone Aparecida Capellini, 2020. São Paulo. Publicado por Núcleo Aprende. Distribuição gratuita. Fonoaudiologia Educacional, Alfabetização e Inclusão *Apresentação de Iniciativas de Educação Inclusiva*

Anjos, Oliveira e Adelino. (2015) *Psicopedagogia: sua história, origem e campo de atuação*. Revista Revela. Ano VIII - Nº XVIII- JUL/ 2015 - ISSN 1982-646X

Artigo de revisão Importância da prática de atividade física para as pessoas com autismo Renata Pereira de Aguiar[1], Fabiane Silva Pereira2, Claudiana Donato Bauman3,4 v. 5, n. 2 (2017) Journal of Health and Biological Sciences

Associação Brasileira de Psicopedagogia- Código de Ética. https://www.abpp.com.br/wp-content/uploads/2020/11/codigo_de_etica.pdf) Acesso em 26/12/2021)

Associação Psiquiátrica Americana. *Manual Diagnóstico e Estatístico de Transtornos Mentais* (5 ª ed. ). Arlington, VA:. American Psychiatric Publishing. 2013

Azeredo, C. M. H. (2021) O desenho e seus significados. Edicon. São Paulo.

Bastos e Alves (2013) *As influências de Vygotsky e Luria à neurociência contemporânea e à compreensão do processo de aprendizagem*. https://revistas.unifoa.edu.br/praxis/article/view/580, acesso em 02/11/2021. São Paulo.

Barreto, J. E. F.; e Silva, L. P.(2010) *Sistema límbico e as emoções: uma revisão anatômica.* Revista Neurociências, *[S. l.]*, v. 18, n. 3, p. 386–394, 2010. DOI: 10.34024/rnc.2010.v18.8466. Disponível em: https://periodicos.unifesp.br/index.php/neurociencias/article/view/8466. Acesso em: 31 out. 2021

Bernardi, J. (2014). Discalculia: o que é? Como intervir? Paco Editorial. Jundiaí. São Paulo.

Bossa, N. (2019) *A Psicopedagogia no Brasil: contribuições a partir da prática*. 5. ed. Rio de Janeiro: Wak Editora

Bee, H. (2011) *A criança em desenvolvimento [recurso eletrônico]* / Helen Bee, Denise Boyd; tradução: Cristina Monteiro; revisão técnica: Antonio Carlos Amador Pereira. – 12. ed. – Dados Eletrônicos. – Porto Alegre: Artmed

BOALER, JO, MUNSON, JEN, WILLIAMS, CATHY. *Mentalidades matemáticas na sala de aula.* Porto Alegre: Editora Penso, 2018.

BRANDALISE, André. Musicoterapia aplicada a pessoa com transtorno do espectro ao autismo (TEA): Uma revisão sistemática. Revista Brasileira de Musicoterapia. Ano XV n° 15 ANO 2013. p. 28-42. Disponivel em http://www.revistademusicoterapia.mus.br/wp-content/uploads/2016/10/revista-completa-Revista-de-Musicoterapia-XV-15-2013.pdf#page=28: Acesso em: 28/02/22.

Brasil. (2017) Ministério da Educação. *Base Nacional Comum Curricular*. Brasília.

Brasil. (2010) *Classificação Brasileira de Ocupações*: CBO – 2010 – 3. ed. Brasília: MTE, SPPE

Brasil. *Projeto de Lei da Câmara n° 31, de 2010* https://legis.senado.leg.br/sdleg-getter/documento?dm=2958554&ts= 1594031609034&disposition=inline

Brasil. (2018) *Instituto Nacional de Estudos e Pesquisas Educacionais Anísio Teixeira.* Brasil no Pisa 2018 [recurso eletrônico]. – Brasília: Instituto Nacional de Estudos e Pesquisas Educacionais Anísio Teixeira https://www.gov.br/inep/pt-br/areas-de-atuacao/avaliacao-e-exames-educacionais/pisa/resultados Acesso em 22/12/2021.

Brasil- Ministério da Educação. *Construção de creches e pré-escolas já atinge 72% do total pactuado desde criação do Proinfância* http://portal.mec.gov.br/ultimas-noticias/207-1625150495/21109-construcao-de-creches-e-pre-escolas-ja-atinge-72-do-total-pactuado-desde-a-criacao-do-proinfancia Acesso em 28/12/2021

Brasil (2018) *Parâmetros Nacionais de Qualidade da Educação Infantil* - MEC- http://portal.mec.gov.br/index.php?option=com_docman&view=download&alias=141451-public-mec-web-isbn-2019-003&category_slug=2020&Itemid=30192 Acesso em 27/12/2021 )

Brasil (1998) *Ministério da Educação e do Desporto. Secretaria de Educação Fundamental. Referencial curricular nacional para a educação infantil* / Ministério da Educação e do Desporto, Secretaria de Educação Fundamental. — Brasília: MEC/SEF

Bruner, J. S. (2008) *Sobre o conhecimento: ensaios da mão esquerda*. Phorte Editora. São Paulo.

CARMO, JOÃO DOS SANTOS; SIMIONATO, ALINE MORALES. *Reversão de Ansiedade à Matemática: alguns dados da literatura*. Psicologia em Estudo, Maringá, v. 17, n.2, p. 317-327, 2012. Disponível em http://www.scielo.br/pdf/pe/v17n2/v17n2a14.pdf

CanettierI, M. K., et al (2021) *Habilidades socioemocionais: da BNCC às salas de aula.* Revista Educação & Formação [Internet]. 2021; 6 (2): 1-21. Recuperado de: https://www.redalyc.org/articulo.oa?id=585866867010

Conte, S. (2020) *Educando para a vida no pós-pandemia*. Editora NS, São Paulo.

CORREA, JANE; MACLEAN, MORAG. *Era uma vez... um vilão chamado matemática: um estudo intercultural da dificuldade atribuída à matemática.* Psicol. Reflex. Crit., Porto Alegre, v. 12, n. 1, p. 173-194, 1999. Disponível em http://dx.doi.org/10.1590/S0102-79721999000100012.

Cosenza, R. M. (2011) *Neurociência e educação: como o cérebro aprende*. Porto Alegre: Editora Artmed.

Colagrossi A. L, Raggio, & Vassimon, G. (2017). *A aprendizagem socioemocional pode transformar a educação infantil no Brasil. Construção psicopedagógica, 25*(26), 17-23. Recuperado em 27 de dezembro de 2021, de http://pepsic.bvsalud.org/scielo.php?script=sci_arttext&pid=S1415-69542017000100003&lng=pt&tlng=pt.

Colpo, L. C., Zanon, R. B., & Pezzi, F. A. S.*Indicativos de empatia em crianças no contexto da inclusão escolar. Brazilian Journal of Development, 7*(3), 27320-27340. 2021. Acesso em 11/11/2021

Córdova Pena, A., Alves, G., & Primi, R. (2020). *Habilidades socioemocionais na educação atual.* Boletim Técnico Do Senac, *46*(2). https://doi.org/10.26849/bts.v46i2.830

Correia, C.C (2016) *O desenho na avaliação pedagógica e psicopedagógica* Revista Ciência Atual | Rio de Janeiro | Volume 8, Nº 2 • 2016 | inseer.ibict.br/cafsj | Pg. 02-17

Damázio, A. (2012) *O erro de Descartes: emoção, razão e o cerebro humano*. Companhia das Letras. São Paulo.

Dias, N. M e Mecca, T. (org.) (2019) *Avaliação Neuropsicológica Cognitiva. Memória de trabalho.* Editora Memnon. São Paulo

Dias, N. M e Mecca, T. (org.) (2015) *Contribuições da neuropsicología e da psicología para intervenção no contexto educacional.* Editora Memnon. São Paulo

Diniz, S. L. G. (2017) *A prática instrumental a favor do desenvolvimento de algumas funções executivas* Revista Primus vitam Nº 9 – 1 semestre de 2017 – ANAIS – II Congresso Internacional e VII Congresso Nacional de Dificuldades de Ensino e Aprendizagem

Dweck, C. S. (2017) *Mindset: a nova psicologia do sucesso.* Editora Objetiva. São Paulo.

Doidge, N. (2017) *O cérebro que se transforma: como a neurociência pode curar as pessoas.* Editora Record. Rio de Janeiro.

Esperidião-Antonio, V. et al. / Rev. Psiq. Clín 35 (2); 55-65, 2008. *Neurobiologia das emoções*. Revisão de literatura. https://www.scielo.br/j/rpc/a/t55bGGSRTmSVTgrbWvqnPTk/?lang=pt&format=pdf Acesso em 31/10/2021.

Férnandez, A. (1991) A Inteligência Aprisionada: Abordagem Psicopedagógica Clínica da Criança e sua Família. Porto Alegre. Editora Artmed. 1991

Ferreira, S. (2021) *O trabalho do neuropsicopedagogo: atuação, ética e importância demonstradas através de um relato de experiência* Scientia Generalis 2675-2999 *v. 2, n. 2, p. 14-22. 2021.* Artigo Original *a Faculdade CENSUPEG, Joinville, Santa Catarina, Brasil. Universidade Estadual de Londrina - UEL, Londrina, Paraná, Brasil.*

Ferreira, V.R. T (2017). *Neurônios-espelho como possível base neurológica das habilidades sociais.* Psicologia em Revista, 23(1), 147-159. https://dx.doi.org/10.5752/P.1678-9563.2017v23n1p147-159

Fuentes, D et al (org.) (2014) *Neuropsicologia [recurso eletrônico]: teoria e prática*. Porto Alegre:Artmed

Fonseca, V. (2021) *A Educabilidade cognitiva e neuropsicopedagogia*. Rio de Janeiro. Editora Wak.

Fonseca, V. (2016) *Importância das emoções na aprendizagem: uma abordagem neuropsicopedagógica.* Rev. psicopedag., São Paulo, v. 33, n. 102, p. 365-384, 2016. Disponível em <http://pepsic.bvsalud.org/scielo.php?script=sci_arttext&pid=S0103-84862016000300014&lng=pt&nrm=iso>. acesso em 31 out. 2021.

Fonseca, V. (2014). *Papel das funções cognitivas, conativas e executivas na aprendizagem: uma abordagem neuropsicopedagógica. Revista Psicopedagogia, 31*(96), 236-253. Recuperado em 22 de dezembro de 2021, de http://pepsic.bvsalud.org/scielo.php?script=sci_arttext&pid=S0103-84862014000300002&lng=pt&tlng=pt.

Fonseca, A. M, Marteleto, M.R.F, Schoen, T. H. (2021) *Processos neuropsicológicos [livro eletrônico]: uma abordagem do desenvolvimento* / Guarujá, SP: Científica Digital, 2021.]

Francis, R. (2015) *Epigenética.* Editora Zahar. Rio de Janeiro.

Geremias, A. O., Abreu, M. A. B., & Romano, L. H.(2017) *Autismo e neurônio--espelho.* Revista Saúde

Goleman, D. e Senge, P. (2015) *O foco triplo: uma nova abordagem para a educação. Editora Objetiva.* Rio de Janeiro

Goleman, D. (2011) *Inteligência emocional [recurso eletrônico]* / Daniel Goleman; tradução Marcos Santarrita. – Rio de Janeiro: Objetiva

Guimarâes, C. M. (2017) *A história da atenção à criança e da infância no Brasil e o surgimento da creche e da pré-escola* Revista Linhas. Florianópolis, v. 18, n. 38, p. 81-142, set./dez 2017

Gradin, T. e Panek, R. (2015) *O cérebro do autista. Pensando através do espectro.* Rio de Janeiro. Editora Record

José, E.A e Coelho, M.T. (1995) *Problemas de Aprendizagem.* São Paulo. Editora Ática

Kandel, E. R (2010) *Em busca da memória: O nascimento de uma nova ciência da mente.* Companhia das Letras. São Paulo

Kristensen C. H, Almeida R. M, Barbosa W. (2001) *Desenvolvimento Histórico e Fundamentos Metodológicos da Neuropsicologia Cognitiva* Gomes Psicol. Reflex. Crit. 14 (2) • 2001 • https://doi.org/10.1590/S0102-79722001000200002 Publicada em 2001, Acesso em 22/12/21.

Kurzweil, R e Grossman, T. (2019). A medicina da imortalidade. Viva o Suficiente para viver para sempre. Editora Aleph.São Paulo.

Lameira, A. P., Gawryszewski, L. DE G., & Pereira Jr., A. (2006). *Neurônios espelho. Psicologia USP*, *17*(4), 123-133. https://doi.org/10.1590/S0103-65642006000400007

Lécuyer, C. (2019) *Educar na realidade*. Editora Fons Sapientiae. São Paulo.

López, R.E. (1993)*Introdução à Psicologia Evolutiva de Jean Piaget.* São Paulo. Editora Cultrix

Luria, A. R 1902-1977. (1992) *A construção da Mente* / A.R. Luria; traduzido por Marcelo Brandão Cipolla. — São Paulo: ícone

Luria, A. R. (1991) *Curso de psicologia geral*. 2. ed. Rio de Janeiro: Civilização Brasileira, V. II.

Machado, A.B.M e Haertel.(2014) *Neuroanatomia Funcional*. São Paulo: Editora Atheneu.

Meneses, M. S (2015) *Neuroanatomia aplicada.* - 3.ed. - Rio de Janeiro: Guanabara Koogan.

Mlodinow, L. (2013), *Subliminar: como o inconsciente influencia nossas vidas*. Editora Zahar.

Mlodinow, L. (2019) *Elástico: como o pensamento flexível pode mudar nossas vidas.* Editora Zahar. Rio de Janeiro

Moojen S. (2004) *Diagnósticos em psicopedagogia*. Rev. Psicopedagogia 2004;21(66):245-255 Acesso em 24/10/2021.

Moraes, D.N. M (2010) v.5 - n.10 Semestral Artigo: *diagnóstico e avaliação psicopedagógica.* Acesso em 24/10/2021. Instituto de Desenvolvimento Educacional do Alto Uruguai – IDEAU Revista de Educação IDEAU https://www.getulio.ideau.com.br/wp content/files_mf/7fe1f02deb4ede5f9c341548f4d06600203_1.pdf

Moser, J. S., Schroder, H. S., Heeter, C., Moran, T. P., & Lee, Y. H. (2011). *Mind Your Errors Evidence for a Neural Mechanism Linking Growth Mind-Set to Adaptive Posterror Adjustments. Psychological Science*, 0956797611419520.

Moyles, J. (2010) *Fundamentos da Educação Infantil*. Editora Artmed. Porto Alegre.

Oliveira, P. V, Muszkat, M.. (2021). *Revisão integrativa sobre métodos e estratégias para promoção de habilidades socioemocionais*. Revista Psicopedagogia, *38*(115), 91-103. https://dx.doi.org/10.51207/2179-4057.20210008

Orsati, F. T et al.(2015) *Práticas para a sala de aula baseadas em evidências [livro eletrônico]* São Paulo. Editora Memnon

Queluz. A.G (org.) (2000) *Interdisciplinaridade- formação de profissionais da educação.* Pioneira Educação. São Paulo. 2000

Pain, S. (1992) *Diagnóstico e tratamento dos problemas de aprendizagem.* Editora Penso. São Paulo.

Paschoal, J. D.; Machado, M. C. G. (2012) *A história da educação infantil no Brasil: avanços, retrocessos e desafios dessa modalidade educacional*. Revista HISTEDBR On-line, Campinas, SP, v. 9, n. 33, p. 78–95, 2012. DOI: 10.20396/rho.v9i33.8639555. Disponível em: https://periodicos.sbu.unicamp.br/ojs/index.php/histedbr/article/view/8639555. Acesso em: 27 dez. 2021

Pereira, C. M. (2020) *Possíveis contribuições das habilidades sociais no desenvolvimento infantil*- Universidade de Caxias do Sul- área do conhecimento de humanidades curso de Psicologia.

Pedroso P.P, Paxiúba, C. M.; Pantoja Lima, C. (2021) *Relação entre emoções, formação de memórias e aprendizagem: uma revisão sistemática.* Revista Exitus, *[S. l.]*, v. 11, n. 1, p. e020163, 2021. DOI: 10.24065/2237-9460.2021v11n1ID1576. Disponível em: http://www.ufopa.edu.br/portaldeperiodicos/index.php/revistaexitus/article/view/1576. Acesso em: 31 out. 2021.

Pedroso, P. A., & Linhares, A. M. (2019). *A importância da roda de conversa na educação infantil.* Anuário Pesquisa e Extensão Unoesc Joaçaba, 4, e23134. Recuperado de https://portalperiodicos.unoesc.edu.br/apeuj/article/view/23134

Rabello, N. (2013) *O desenho infantil: entenda como a criança se comunica por meio de traços e cores.* Editora Wak.

Rappaport, C. R. (1981) *Teorias do Desenvolvimento- Conceitos fundamentais. Editora Pedagógica Universitária.* São Paulo.

Rego, T. C. *Vygostsky- uma perspectiva histórico-cultural da educação.* Rio de Janeiro. Editora Vozes.

RELVAS, M. Neurociência e Transtornos de Aprendizagem. Editora Wak. Rio de Janeiro. 2011

R e v i s t a D i á l o g o s e m S a ú d e Volume 1 - Número 1 - jan/jun de 2018. OS BENEFÍCIOS DA ATIVIDADE FÍSICA PARA PESSOAS COM AUTISMO Simone Gama da Silva Diego Trindade Lopes Aline Albuquerque Nobrega Rabay Rogério Márcio Luckwu dos Santos Stephanney K.M.S.F. de Moura

Riechi, T. I.J, Valiati, M.R E Antoniuk, S. A (2019) *Práticas em Neurodesenvolvimento infantil: fundamentos e evidências científicas.* Editora ÍThala. Paraná

Rotta, N.T E Bridi, F.R. (2016) *Neurologia e aprendizagem: abordagem multidisciplinar.* Porto Alegre: Artmed

Rotta, N. T, Ohlweiler, L. Riesgo, R. (org.) (2016) *Transtornos da aprendizagem: abordagem neurobiológica e Multidisciplinar* 2. ed. – Porto Alegre: Artmed

Rubinstein E, Castanho M., Noffs Na. (2004) *Rumos da psicopedagogia brasileira.* Rev. Psicopedagogia 2004;21(66):225-238

Russo, R.M.T. (2015) *Neuropsicopedagogia Clínica: introdução, conceitos, teoria e prática.* Editora Juruá. Paraná.

Santos F., Andrade, V.M E Bueno, O. F. A. (2015) *Neuropsicologia hoje*. Artmed, Porto Alegre.

Salles, J. F, Haase, V., Diniz, L. F. M. (org.) (2016) *Neuropsicologia do desenvolvimento: infância e adolescência* [recurso eletrônico] / Porto Alegre: Artmed. e-PUB.

Santos, R. E Silva, F.P (2021). *As contribuições da neuropsicopedagogia na arte de aprender e ensinar com ênfase na dislexia. Research, Society and Development, 10* (11), e69101119445. https://doi.org/10.33448/rsd-v10i11.19445

SBNPp nº 003. *Código de ética técnico profissional da neuropsicopedagogia*, 2014. Disponível em: https://www.sbnpp.org.br/arquivos/codigo_de_etica_2016.pdf. Acesso em 20 de outubro de 2021

Seabra, A E Dias, N. M. (2012) *Avaliação Neuropsicólogica Cognitiva: Atenção e Funções Executivas*. Memnon. São Paulo

Siegel, D. E Bryson, T. P. (2015) *O cérebro da criança*. Editora nVersos. São Paulo.

Simão, G. F.; Corrêa, T. H. B.; Ferrandini, L. M. (2020) *Contribuições da Neuropsicopedagogia no Contexto Educacional: um novo olhar para a instituição escolar*. Educere et Educare, *[S. l.]*, v. 15, n. 36 DOI: 10.17648/educare.v15i36.25115. Disponível em: https://e-revista.unioeste.br/index.php/educereeteducare/article/view/25115. Acesso em: 23 out. 2021.

Silva Jfmgmf, Bomfim Zác, Sousa Ic, Farias Júnior Lr. (2020) *Teoria histórico-cultural - Contribuições para a prática psicopedagógica. Rev. Psicopedagogia* 2020;37(114):353-365

Souza, A. P. R., & Nunes, L. DE L. (2020). *Primeira Infância Em Foco: A Educação Infantil Como Contexto Potencializador Da Aprendizagem Socioemocional*. Revista De Educação Da Universidade Federal Do Vale Do São Francisco, 10(21), 354–381. Recuperado de https://www.periodicos.univasf.edu.br/index.php/revasf/article/view/525

Tapia, J.A e Fita, E. C. (1999) *A motivação em sala de aula: o que é, como se faz.* Edições Loyola. São Paulo.

Transtorno de déficit de atenção/hiperatividade [recurso eletrônico]: manual para diagnóstico e tratamento / Russell A. Barkley (org); Arthur D. Anastopoulos... [et al.]; tradução Ronaldo Cataldo Costa. – 3. ed. – Dados eletrônicos. – Porto Alegre: Artmed, 2008.

Valiati, M.R et al (2011) *Desenvolvimento da Criança e do Adolescente: Avaliação e Intervenção*. Editora Íthala. Paraná.

Wajman, J.R. (2021) *Psicologia: Teoria e Pesquisa DOI: https://dx.doi.org/10.1590/0102.3772e37215 2021, v.37, e37 Ciências do Comportamento Neuropsicologia Clínica: Notas Históricas, Fundamentos Teórico--Metodológicos e Diretrizes para Formação.* Disponível em: https://doi.org/10.1590/0102.3772e37215 Acesso em 30/10/21.

Weiss, M.L.L. (2001) *Psicopedagogia Clínica: uma visão diagnóstica dos problemas de aprendizagem escolar.* Editora DP&A. Rio de Janeiro.

Zabala, A. (2010) *A prática educativa- como ensinar*. Editora Artmed. Porto Alegre. 2010.